JN279842

An introduction of bookkeeping and accounting for beginners.

# 知識ゼロからの
# 簿記・経理入門

Kenshi Hirokane

弘兼憲史

千代田パートナーズ会計事務所 監修

● 通信費
● 仕入
● 接待交際費
● 会議費
● 賃借料
● 消耗品費
● 福利厚生費
● 給料
● 旅費交通費
● 広告宣伝費

An introduction of bookkeeping and accounting for beginners.

知識ゼロからの簿記・経理入門
弘兼憲史

An introduction of bookkeeping and accounting for beginners.

幻冬舎

# Part 1 簿記・経理はビジネスマン必携の知識

## 簿記・経理はどう役立つの?
簿記・経理の知識はビジネスマンの基本だ
ビジネスの数字がわかると効率的に働くことができる ― 10

COLUMN 社員は財産ではない!? ― 13

雰囲気ではなく、数字にもとづいた客観的な判断ができるようになる ― 12

## 簿記・経理ってなに?
家計簿も小遣帳も簿記のなかま 「お金やモノの出入り」を記録する ― 14

記録をもとに計画をたてる会社のナビゲーター ― 16

## 決算書とは?
決算書をみれば会社の状態がひと目でわかる 簿記をベースに年に一度「決算書」をつくる ― 18

## 決算書で会社がわかる
たくさん商品が売れてももうかるとはかぎらない ― 20

22

24

# Part 2 仕訳は簿記の基礎の基礎

1年間にどれだけもうけたかを「損益計算書」で知る —— 26

財産がたくさんあっても倒産が心配な会社がある —— 28

会社の財産は「貸借対照表」でわかる —— 30

**もっと知りたい**
世界ではじめての株式会社 —— 32

**簿記のしくみ**
簿記では商品を万引きされても「取引」という —— 34

取引はかならずふたつの顔をもっている —— 36

**勘定科目を知る**
だれがみてもわかるようにグループ分けする —— 38

**仕訳のしくみ**
会社のいろいろな取引を3ステップでノートに記入する —— 40

8つの組み合わせをマスター 仕訳をやってみよう —— 44

COLUMN 送り仮名は省略する —— 46

## Part 3 費用、収益の仕訳を知る

### もっと知りたい
簿記は世界中で通じる共通語 ─── 52

### こんなときどんな仕訳？
毎日の行動は経理に結びついている ビジネスマンの活動は簿記につながる ─── 54

### こんなときどんな仕訳？ 費用グループ
商品30万円を現金払いで仕入れた ── 「仕入」に関する仕訳 ─── 56

COLUMN 商品と製品はちがうもの ─── 57

今月の給料を支払った ── 「給料」に関する仕訳 ─── 58

取引先へJR線で移動した ── 「旅費交通費」に関する仕訳 ─── 60

会社の携帯電話を使った ── 「通信費」に関する仕訳 ─── 62

商品のカタログを印刷した ── 「広告宣伝費」に関する仕訳① ─── 64

イベント来場者にサンプル商品を配った ── 「広告宣伝費」に関する仕訳② ─── 66

取引先へ持参するおみやげを購入した ── 「接待交際費」に関する仕訳① ─── 68

取引相手に不幸があって、香典を持参した ── 「接待交際費」に関する仕訳② ─── 70

## こんなときどんな仕訳? 収益グループ

- 火災保険料を現金で支払った——「保険料」に関する仕訳 —— 88
- コピー機のリース料を現金で支払った——「賃借料」に関する仕訳 —— 86
- 電気代を現金で支払った——「水道光熱費」に関する仕訳 —— 84
- 部内のみんなで社員旅行に出かけた——「福利厚生費」に関する仕訳② —— 82
- 受付の社員に制服を支給した——「福利厚生費」に関する仕訳① —— 80
- 文房具を現金で購入した——「消耗品費」に関する仕訳 —— 78
- 仕事中、夜食に寿司を食べた——「接待交際費」「会議費」などの仕訳 —— 76
- COLUMN セミナーや講習費用は「研修費」 —— 75
- 昼の会議で弁当を配った——「会議費」に関する仕訳 —— 74
- 取引先の専務とゴルフに行った——「接待交際費」に関する仕訳③ —— 72
- B社に商品を販売し、代金を受け取った——「売上」に関する仕訳① —— 90
- B社から商品の不具合による返品があった——「売上」に関する仕訳② —— 92
- 普通預金に利息がついた——「受取利息」に関する仕訳 —— 94
- 長期保有株式の配当金を受け取った——「受取配当金」に関する仕訳 —— 96

## 経理がわかるポイント

- 費用と収益の主な勘定科目 —— 98

## もっと知りたい

# Part 4 資産、負債、純資産の仕訳の知識を得る

映画『マルサの女』からお金を学ぶ —— 100

こんなときどんな仕訳？ 資産グループ

商品の代金として現金を受け取った —— 「現金」に関する仕訳 102

COLUMN 通貨代用証券は安全・安心 103

商品を仕入れ、小切手で支払った —— 「当座預金」に関する仕訳 104

翌月に支払ってもらう約束で商品を売った —— 「売掛金」に関する仕訳 106

COLUMN 「その会社、倒産してしまったよ」 107

売掛金の回収に「手形」を受け取った —— 「受取手形」に関する仕訳① 108

COLUMN 手形も小切手も銀行へ 109

受取手形を支払期日の前に現金化した —— 「受取手形」に関する仕訳② 110

出張前にとりあえず4万円支給した —— 「仮払金」に関する仕訳 112

社員に貸付制度で100万円融資した —— 「貸付金」に関する仕訳 114

売買目的の株を購入した —— 「有価証券」に関する仕訳 116

商品保管用にワインクーラーを購入した —— 「固定資産」に関する仕訳① 118

## こんなときどんな仕訳? 負債グループ

使わなくなった営業車を売った——「固定資産」に関する仕訳② —— 120

銀行から資金の融資を受けた——「借入金」に関する仕訳 —— 122

商品を翌月払いで購入した——「買掛金」に関する仕訳 —— 124

COLUMN 現金がなくても信用があれば取引できる —— 125

商品を仕入れ、「手形」を振り出した——「支払手形」に関する仕訳 —— 126

COLUMN 「勘定合って銭足らず」 —— 127

応接セットを翌月払いで購入した——「未払金」に関する仕訳 —— 128

COLUMN 紛らわしい勘定科目を整理する —— 129

給料から税金や保険料を天引きした——「預り金」に関する仕訳 —— 130

## こんなときどんな仕訳? 純資産グループ

会社を設立。資本金1000万円を普通預金に入れた——「資本金」に関する仕訳 —— 132

## 経理がわかるポイント

資産、負債、純資産の主な勘定科目 —— 134

## もっと知りたい

キーパーソンは"一万円札の福沢諭吉" —— 136

# Part 5 これで決算書がよくわかる

## 決算書をつくるまで
取引が起きてから決算までの簿記の流れを知っておく ── 138

## 仕訳帳・伝票・パソコン会計
伝票やパソコンで日々の取引を仕訳する ── 140

## 総勘定元帳
日々の記録をノートに写して整理する ── 142

## 試算表
一覧表にまとめることでこまめに利益がチェックできる ── 144

## 決算整理
決算に向けていくつかの整理・修正をおこなう ── 146

「売上原価の計算」
仕入れた商品の売れ残りをチェック ── 148

COLUMN たな卸しは正確に ── 149

「減価償却費の計上」
営業用に購入した車が古くなった ── 150

「貸倒引当金の設定」
ツケのある取引相手が倒産しそうだ ── 152

「費用の繰り延べ」
駐車場代をまとめて前払いした ── 154

## 精算表

試算表と決算整理をまとめてスムーズに手続きする —— 156

## 決算書をつくる

5つのグループから損益計算書と貸借対照表をつくる —— 158

## 決算書を読む

会社のいろいろな側面を決算書の数字から知る —— 160

COLUMN 決算書はココで手に入れる —— 161

会社の成長性を損益計算書で知る —— 162

会社の底力を貸借対照表で知る —— 164

COLUMN お金がみえるキャッシュ・フロー計算書 —— 165

## 決算書で経営分析する

たし、ひき、かけ、わり算 簡単な計算で会社を分析できる —— 166

COLUMN "決算書がすべて"ではない —— 168

あとがき —— 172

参考文献 —— 174

# 簿記・経理はビジネスマン必携の知識

お金をつかさどる簿記や経理はビジネスにたずさわるものの必須知識。まずは、なぜ簿記や経理が大切なのか、どんなものなのか知っておきたい。

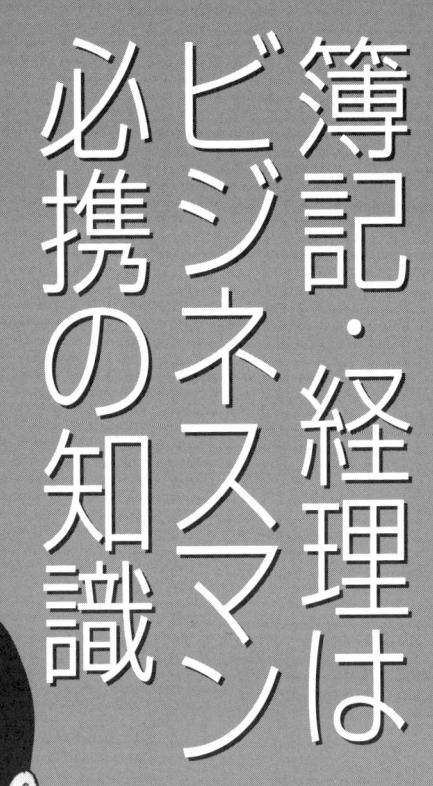

## Part 1

> 簿記や経理の知識があると、利益につながる働き方ができる
> →P12へ。

簿記・経理はどう役に立つの?

# 簿記・経理の知識はビジネスマンの基本だ

## 知って得することばかり

> これ以上コストをおさえるには技術の人の協力が欠かせない

簿記や経理を理解すると、個人レベルだけでなく、部門レベル、会社レベルなど広い視野で仕事ができる。

**簿記や経理がわかると**
### 会社のしくみがよくわかる

お金がどう動いているかわかると、各部署の役割がよくわかるようになる。会社の経営状態や各部署の業績、改善すべき点などもみえてくる。

**簿記や経理がわかると**
### いままでより視野が広がる

経理の視点からみると、給料は受け取るものではなく支払うもの。経理がわかると経営者の立場から会社がみえるようになる。

簿記や経理と聞くと、細かく伝票のチェックを受けたことを思い出し、あまり関わりたくないと思うかもしれない。しかし、ビジネスとはお金が動くこと。売上目標や予算、見積り、その結果としての実績……と、お金がかならずついてまわる。簿記や経理の基本は、すべてのビジネスマンが身につけておくべき知識のひとつなのだ。

10

簿記や経理を身につけて「決算書」(P20参照)が読めるようになれば、株式投資などの財テクにも役立つ。

**簿記や経理がわかると**

## ビジネスチャンスが広がる

取引相手の業績や経営状況が見抜けるようになる。数字がわかるビジネスマンとして周囲に認められ、重要な仕事を任されることも。

簿記や経理を通して、ビジネスのしくみや数字がわかると、信頼を得られる。

キミ以外にたのめる奴がいないのでお願いしたい

業務提携をもちかけてきた○○社の経営状況を徹底的に調べてほしい

簿記・経理はどう役に立つの？

## ビジネスの数字がわかると効率的に働くことができる

### 簿記がわかると人はかわる

**たとえば 経営者 の場合**

知識や勘をたよりにする経営から、会社の状況を数字で把握し分析する、より効率的な経営にかわる。

**たとえば 経理マン の場合**

お金の計算や記録などのチェックだけでなく、集計した数字をもとに将来の経営計画や、各事業をサポートする資料がつくれるようになる。

「来期から年休を4日増やす」といわれても、ビジネスの数字がわかる人は単純に喜ばない。給料が同じで働く時間が短くなるということは、そのぶん中身の濃い仕事をする必要がある、という利益のしくみがわかるからだ。効率を上げるためにどうするか考え、自分の行動が数字にどうつながるか意識しないと、結果は出せない。

12

### たとえば **営業マン** の場合

気合と根性でおこなう営業活動から、取引相手の経営状況をふまえ、原価と利益を考えた適正な値段交渉ができる営業にかわる。

### たとえば **技術者やSE** の場合

新製品の開発やシステム設計をするとき、コストや顧客の予算をふまえたうえで、モノをつくることができるようになる。

---

**COLUMN　社員は財産ではない!?**

　経理の目でみると、すべての社員が「貴重な人財（材）」とはいかない。会社の規模や人員構成にもよるが、一般的に社員ひとりに対し、給料と同程度の費用が必要だという（例：月給25万円の人を雇うには月50万円必要）。

　逆にいえば、会社は社員に対してそれ以上の利益を期待しているのだ。自分のコストを念頭におけば、おのずと働き方もかわってくるはずだ。

# 雰囲気ではなく、数字にもとづいた客観的な判断ができるようになる

## 同じビルでも人によって感想はちがう

**主観的な評価**

- あのビルは大きい
- あのビルは小さい
- あのビルは新しい
- あのビルは古い
- あのビルはきれい
- あのビルは汚い
- あのビルはおしゃれだ
- あのビルはダサイ

みためや印象は、みる人によって答えがかわる。ビジネス相手としてつきあう場合、社風や経営者の人柄など主観的な評価だけで判断してはいけない。

「もうかっているらしい」「社長がいい人だ」という評判だけで取引を決めてはいけない。ビジネスでつきあう以上、なんとなくではなく説得力のある裏づけ、つまり数字による評価が必要だ。

取引先の会社の経済活動を数字におきかえ、客観的な評価にもとづいた判断をするためには、簿記の知識が必要だ。

## 数字はだれからみても同じ結果になる

**客観的な評価**

広さは各階50㎡

9階建てだ

築7年目のビルだ

社員がみても外部の人がみても同じ答え

数字はだれがみても同じ客観的な評価。会社の1年間の売上や利益、従業員の人数、商品の価格など、数字をもとにしたデータには説得力がある。

簿記・経理ってなに？

## 家計簿も小遣帳も簿記のなかま「お金やモノの出入り」を記録する

### 会社の経済活動を記録する

- ●商品を仕入れる
- ●売上代金を受け取る
- ●品物を納める
- ●来客にコーヒーを出す
- ●コピー用紙を買う
- ●社員に給料を払う
- ●地方へ出張する
- ●銀行からお金を借りる
- ●取引相手に電話する

会社ではいろいろな経済活動がおこなわれている。その活動によっておこるお金やモノの出入りを正確に記録していく方法が簿記だ。

帳簿に記入すること＝簿記

簿記とはお金やモノの出入りを記録すること。私生活で使う小遣帳や家計簿も簿記のひとつだ。

会社で使う簿記には、すべての経済活動が記録、計算、整理される。帳簿（ノート）に記入していたので、その省略で簿記とよばれるようになった。いまはパソコン入力が主流だが、帳簿記入のしくみは知っておきたい。

16

# 簿記のいろいろな分類方法

## 書き方のちがいで分類

- **単式簿記**（たんしきぼき）
- **複式簿記**（ふくしきぼき）

小遣帳のように、現金の出入りだけを記録するのが単式簿記。一方、複式簿記は取引を二面的に記録する。単式簿記よりも正確で詳しい経営状態を記録できる（詳しくはPart2へ）。

> 会社が使っている簿記は複式簿記

> 一般的に、簿記というときは複式簿記のことを指している。

## 目的のちがいで分類

- **営利簿記**（えいりぼき）
- **非営利簿記**（ひえいりぼき）

利益を得ることを目的にした簿記を営利簿記という。反対に、利益を目的としない簿記は、官庁などの公的機関で使われている。会社で使っている簿記はもちろん利益を追求する営利簿記だ。

## 業種のちがいで分類

- **商業簿記**（しょうぎょうぼき）
- **工業簿記**（こうぎょうぼき）
- **銀行簿記**（ぎんこうぼき）

商業やサービス業で使われているのは商業簿記だ。これがもっともポピュラーだ。ほかにも業種によって工業簿記や銀行簿記などに分けられる。

# 記録をもとに計画をたてる会社のナビゲーター

## 簿記で会社の経営状態がわかる

### ●もうかっているのかはっきりわかる
どのくらい利益が出たか（または赤字になったか）、なぜそうなったのかがわかる。

### ●財産があきらかになる
どのような財産がどのくらいあるのか（また、どのような借金があるのか）正確にわかる。

**もうけと財産の内容がわかることによって……**

**経営判断に役立つ**
あきらかになった経営状態をもとに将来の経営方針を考える。たとえば資金繰りや商品の原価を検討したり、資産運用を見直したりできる。

**外部報告に役立つ**
社外の関係者に向けて経営状況を報告するときや、国に納める税金を計算するときなどに簿記が必要。

> 経理はただの記録係ではないのだ。

家計簿をつける目的は、どのようにお金を使ったかを知って家計のムダを減らし将来にそなえること。会社の簿記も経営状態を把握して将来の計画をたてるのに使われる。

簿記をもとに「決算書」という会社の成績表をつくり、経営方針を検討する。また、外部に経営状態を報告したり、納税額を計算するのにも使われる。

1月 決算役員会

お手元の決算報告資料をご覧ください
当初の予算どおり売上は伸びましたが、利益が伸び悩んでいます

環境保全のための技術開発費の捻出も含めて、経営戦略を練り直したいと考えています
皆さんの率直なご意見を——

# 決算書をみれば会社の状態がひと目でわかる

決算書は会社の経営状態がわかる成績表だ。もうかっているか、つぶれないか、将来性はあるかなどを読み取ることができる。

一人前のビジネスマンとして活躍するためには、決算書が読める、ということが必要不可欠だ。

ひと口に決算書といっても、実際はいくつもの書類で構成されている（上参照）。

## 決算書の核となるふたつの書類

### 貸借対照表（たいしゃくたいしょうひょう）

**ある時点での会社の財産をあらわす書類**

現金や商品、土地などをどれくらいもっているか、借金がどのくらいあるかわかる。

### 損益計算書（そんえきけいさんしょ）

**一定期間の会社のもうけ（または損）をあらわす書類**

収入や支払いの理由と金額、最終的にいくらもうかったか（または損したか）わかる。

> 決算書は、ほかに「キャッシュ・フロー計算書（P165参照）」などで構成されている。決算書というよび方は通称で、正式名称は金融商品取引法で「財務諸表（ざいむしょひょう）」、会社法で「計算書類」だ。

## これらの決算書のベースが簿記

### どんな会社も決算書をつくる

すべての会社は、法律で決算書の作成を義務づけられている。会計基準というルールに沿ってつくられるため、ライバル会社と比較したり、業界平均を出したりすることもできるのだ。

# たくさんの人が決算書をみる

証券取引所に株式公開している会社は、金融商品取引法によって決算書を世間に公表する義務がある。取引相手や株主など会社と利害関係にあるすべての人たちに決算書を通して会社はみられているといえる。

**銀行**

**投資家**
利益を見込んで事業に資金を出す人のこと。

**株主**
その会社の株をもっている人または会社のこと。

**決算書**
- 貸借対照表 — 会社が倒産しないか
- 損益計算書 — これから伸びる会社か
- 会社はもうかっているか

**他社の営業マン**

**取引先**

# 決算書とは？

## 簿記をベースに年に一度「決算書」をつくる

### 「決算書」をつくる簿記の流れ

**日常の手続き**

日々の活動を簿記のルールで記録する
（説明はPart2、3、4へ）

**決算の手続き**

記録を集計、整理して会社の成績表「決算書」をつくる
（説明はPart5へ）

前期の会計期間

4月1日

---

すべての会社は1年に一度は会社の成績表となる「決算書」をつくる。会計期間は、1年以内であれば会社ごとに自由に決められる。多くの会社は4月1日から3月31日までの期間で区切り、3月末に決算をおこなう。

また、経営状態を正確にすばやく把握するため、毎月、試算表（144ページ参照）をつくる会社も多い。

## 決算は年に一度とはかぎらない

上場企業（証券取引所に株式公開をしている会社）は年に一度の決算のほかに、年に3回の四半期決算を導入。財務諸表の開示が必要とされる。

いよいよ決算発表会がはじまる

平成X年度 初芝電産KK決算発表会

上場企業は決算の結果を社会に公表する義務がある。決算発表会をしたり、新聞やホームページに決算書を掲載するなど方法はいろいろ。

決算書をつくるために区切った期間を会計期間という

次期の会計期間 ← 3月31日 → 当期の会計期間

簿記をもとに、決算書をつくる

**貸借対照表** — 決算時点の財産がわかる

**損益計算書** — 会計期間のもうけがわかる

決算書で会社がわかる

## たくさん商品が売れてももうかるとはかぎらない

先月より売れたのに、なんで赤字なんだろう……

**「売上＝もうけ」ではない**
たくさん売れても、それより多く費用がかかればもうからない。売上（収益）から費用を引いた残りがもうけ（利益）なのだ。収益、費用、利益の3つの関係は単純だがしっかりと理解したい。

いつもより多く商品が売れて、売上が伸びたのにもうからないことがある。売上ともうけはちがうからだ。

たとえば5千円のワインが売れて5千円受け取っても、それがそのままもうけになるわけではない。売上からワインの原価、社員の給料、店の電気代などいろいろな費用を引いた残りの金額がもうけ（利益）となるのだ。

## 収益と利益はちがうもの

商品を売って得たお金
これが「**収益**」

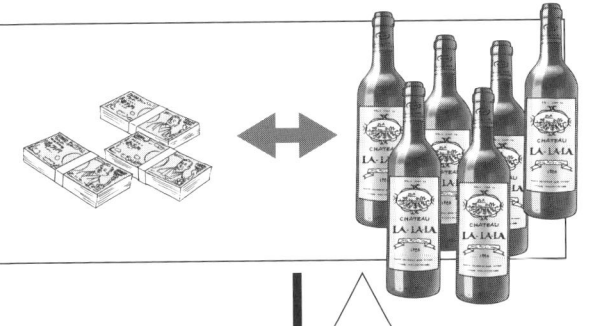

収益を上げるためにかかるお金
これが「**費用**」

- ワインの仕入れ代
- 接待交際費
- 社員の給料
- オフィスの電気代
- 電話代
- 交通費

収益から費用を引いたものが、
「**利益**」

決算書から会社の収益、費用、利益の関係がわかる。黒字（または赤字）の理由もおおよそわかる。

つまり

本当のもうけ

## 収益－費用＝利益

# 1年間にどれだけもうけたかを「損益計算書」で知る

## 損益計算書の3つの要素

**収益**
もうけ（利益）のもとになる収入のことを収益という。商品の販売やサービスの提供、財テクなどの会社の活動によって得たすべての収入をあわせたものだ。預金の利息なども収益に含まれる。

**費用**
収益を得るためにかかった出費のこと。商品を仕入れたり、製品をつくるのにかかる費用や、働いている社員に渡す給料がある。さらに経費といわれる交通費や電気代、事務所の家賃などいろいろある。

**利益（損失）**
すべての収益からすべての費用を引いた残りを、純粋なもうけ「純利益」という。収益から費用を引いたときにマイナスになってしまった場合は、「純損失」という。つまりは赤字だ。

損益計算書をみれば1年の会社のもうけ（または損）がわかる。家計簿をみて、収入と出費がいくらで、いくら残ったかわかるのと同じことだ。詳しく読めば、もうかった（または損をした）原因もみえてくる。

損益計算書は英語でProfit and Loss statementという。省略してP／L（ピーエル）ともいう。

## [費用＋利益＝収益]

「利益」は、「収益」から「費用」を引けばよい。逆にいうと、「収益」は「費用＋利益」とイコールになるのだ。これを図にすると下のようになる。

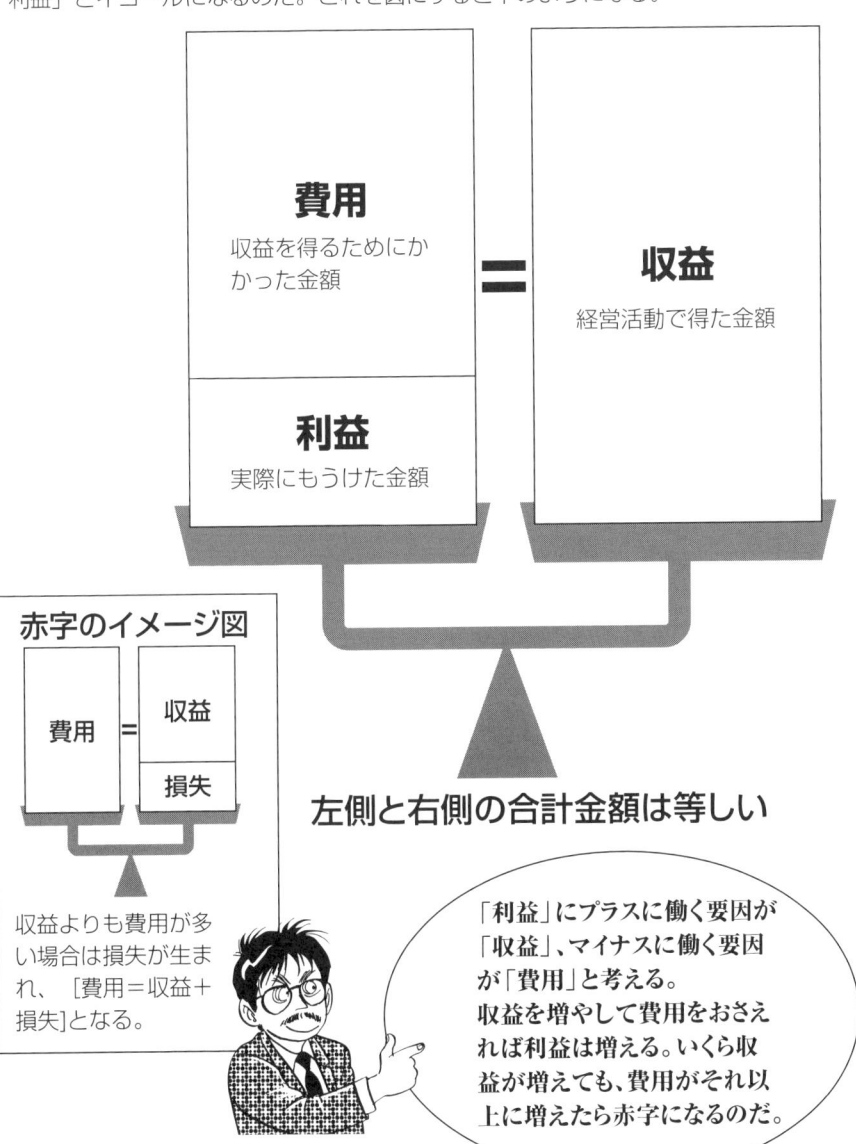

**費用**
収益を得るためにかかった金額

**利益**
実際にもうけた金額

＝

**収益**
経営活動で得た金額

### 赤字のイメージ図

| 費用 | ＝ | 収益 |
| | | 損失 |

収益よりも費用が多い場合は損失が生まれ、[費用＝収益＋損失]となる。

**左側と右側の合計金額は等しい**

「利益」にプラスに働く要因が「収益」、マイナスに働く要因が「費用」と考える。
収益を増やして費用をおさえれば利益は増える。いくら収益が増えても、費用がそれ以上に増えたら赤字になるのだ。

# 財産がたくさんあっても倒産が心配な会社がある

○○酒店、立派なお店なのになんで倒産したんですか

### その財産、本当に自分のもの？

商品や自社ビル、車、現金などたくさん財産（資産）があっても、それを返さなくてはならないお金（負債）で手に入れたのと、返さなくていいお金（純資産）で手に入れたのでは大きなちがいがある。

大きな自社ビルで手広く仕事をしている会社でも、倒産することがある。

財産（資産）が多いだけではなく、借金（負債）も多いことがあるからだ。

一見たくさんの資産があっても、それが本当に自分のものなのか、負債のうえに成り立っているものなのか、実態を見抜くことが大切だ。

## 資産と資本はちがうもの

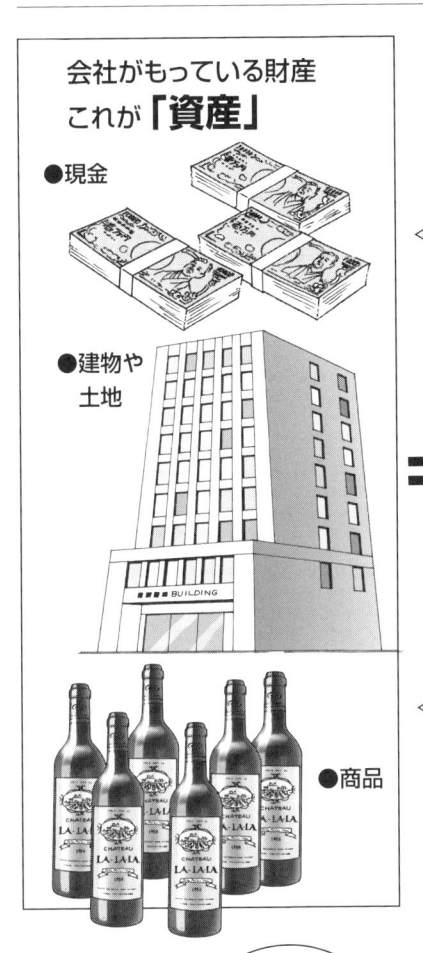

会社がもっている財産
これが「**資産**」
- 現金
- 建物や土地
- 商品

＝

会社の資産のうち借金して手に入れた分
これが「**負債**」
- 銀行から借りたお金
- 商品代金の未払金

＋

会社の資産のうち自分で手に入れた分
これが「**純資産**」（資本）
- 出資金
- 利益

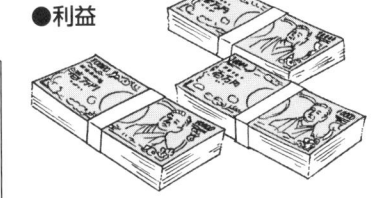

決算書を読めば、会社がもっている財産（資産）の本当の姿がみえてくるのだ。

つまり

本当の財産
**資産ー負債＝純資産**

# 会社の財産は「貸借対照表」でわかる

決算書で会社がわかる

## 貸借対照表の3つの要素

**資産**
会社がもっている財産のこと。お金や商品、備品（パソコンや机など）、土地や建物など目にみえるものと、後日、受け取る約束の商品代金や、著作権のように目にみえないものがある。

**負債**
借金のことで、マイナスの財産と考えられる。将来、返済しなくてはならない借りたお金や、商品代金の未払金、他人から一時的に預かっているお金などが含まれる。

**純資産**
返済する必要のない資金で、正味の財産のこと。株主から出資してもらったお金と、会社がもうけていままで貯めたお金だ。資産から負債を引くと純資産が出る。

貸借対照表（たいしゃくたいしょうひょう）をみれば、その時点での会社の財産、つまり現金や商品、建物、設備などがいくらあるかわかる。さらに、借金（負債）などマイナスの財産がいくらあるかもあきらかになる。会社の真実の姿がわかるといわれるゆえんだ。

貸借対照表は英語でBalance Sheetという。ふつうB／S（ビーエス）といわれる。

# [資産＝負債＋純資産]

「資産」から「負債」を引くと、純粋な財産「純資産」が出る。逆にいうと、「資産」は「負債＋純資産」とイコールになるのだ。図にすると下のようになる。

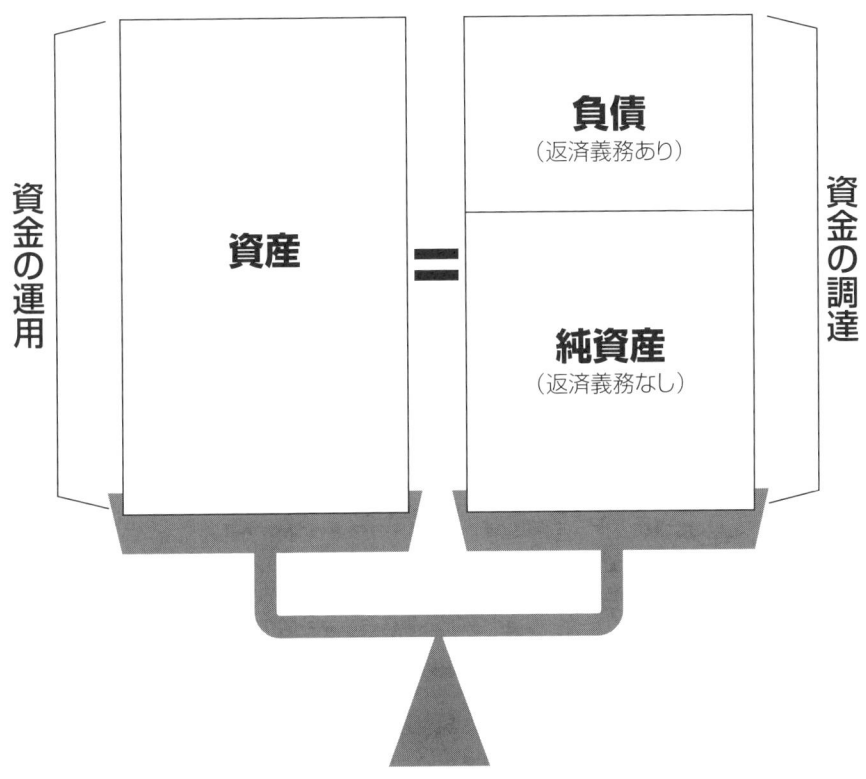

資金の運用　｜　資産　＝　負債（返済義務あり）／純資産（返済義務なし）　｜　資金の調達

**左側と右側の合計金額は等しい**

「資産」に対して、「負債」の割合が高い会社ほど借金が多く、「純資産」の割合が高いほど借金は少ない。いくら資産が多い会社でも、純資産が乏しく負債が多いと倒産の心配が出てくる。

## もっと知りたい

# 世界ではじめての株式会社

### 昔もいまもしくみは同じ

船長＝社長

貿易＝事業

お金を出した人々＝株主

みんなでお金を出しあうため、成功すれば利益の一部が受け取れ、失敗しても出したお金以上に損することはない。

16世紀中頃、ヨーロッパ諸国はアジア諸国とさかんに貿易をした。貿易船は高額なうえ、沈没や海賊に襲われて失敗する可能性もあるため、ひとりで費用を準備するのは大変だった。

そこで、多くの人から少しずつお金を出してもらい、貿易で得た利益は出資金額の比率に応じて還元した。これが株式会社のはじまりだといわれる。

## Part 2

# 仕訳は簿記の基礎の基礎

決算書は"仕訳"をもとに"簿記"という方法でつくられる。まずは仕訳の基本を覚えよう。

仕訳の前に、どんな取引が簿記の対象になるのか知っておきたい→P34へ。

簿記のしくみ

# 簿記では商品を万引きされても「取引」という

## 取引として扱わない

見積書を提出したり、契約書を交わすことはふつう取引という。しかし簿記ではお金やモノが変化しない場合は、取引と考えないので記録しない。

**例**
- ●商品の注文を受けた
- ●建物の賃貸契約をした
- ●土地を借りる契約をした

注文を受けただけでは簿記の取引にあたらない。

「ご注文ありがとうございます」

簿記の対象になるのは、お金やモノが増減する取引だ。つまり、財産に影響を与える活動が記録される。契約書を取り交わすことは一般的には取引というが、モノやお金に変化がないため簿記では取引とはいわない。

一方、万引きで商品が減ったというようなときは、変化があるため簿記では取引として扱う。

### 簿記上の取引

お金やモノが増減する取引は、簿記でも取引にあてはまる。

例
- ●代金を回収した
- ●原料を仕入れた
- ●商品を仕入れた
- ●商品を販売した
- ●交通費を支払った
- ●給料を支払った
- ●コピー用紙を買った
- ●銀行からお金を借りた
- ●借りたお金を返した

### 取引として扱う

破損や紛失、盗難など一般的に取引とは考えないことでも、お金やモノが増減すれば簿記では取引として扱う。

例
- ●商品が盗まれた
- ●建物が火災にあった
- ●商品が破損した

> これはひどい
> 年代物のワインが
> 片っ端から
> 割れてしまっている

商品の破損も簿記では取引と考える。

# 取引はかならずふたつの顔をもっている

## ひとつの取引をふたつに分解する

**例** 1万円のワインを仕入れた

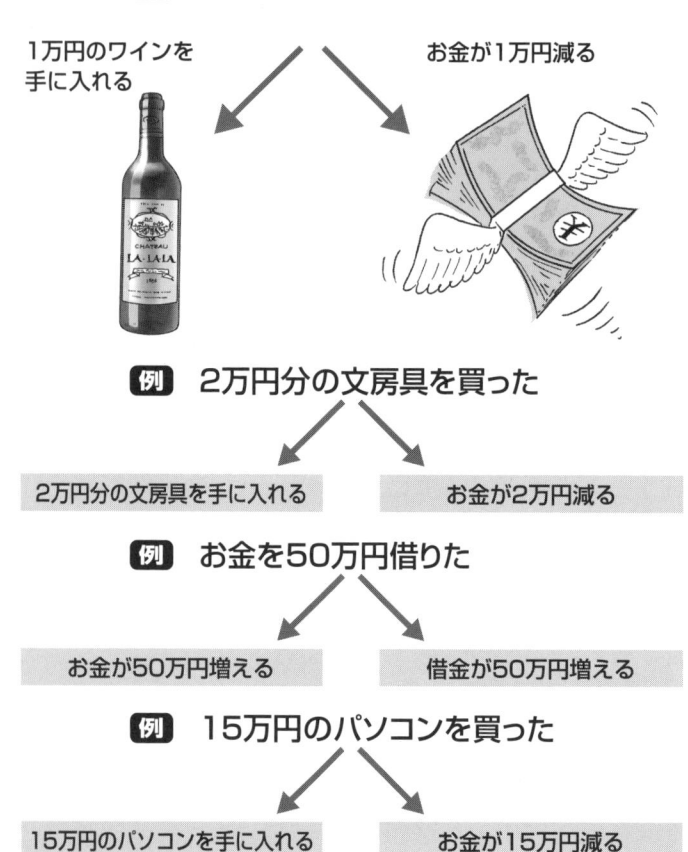

- 1万円のワインを手に入れる
- お金が1万円減る

**例** 2万円分の文房具を買った

- 2万円分の文房具を手に入れる
- お金が2万円減る

**例** お金を50万円借りた

- お金が50万円増える
- 借金が50万円増える

**例** 15万円のパソコンを買った

- 15万円のパソコンを手に入れる
- お金が15万円減る

一般に簿記とは「複式簿記」のことだ。複式とは、ひとつの取引をふたつに分解して二面的に考えること。

たとえばモノを買うという取引には、モノが増えたことと、お金が減ったこと、ふたつの側面がある。どんな取引でも、ふたつ以上の顔がかならずある。

二面的に記録することにより、経営状態がより詳しく把握できる。

「お待ちしてましたあ」

素敵な姉さん方と楽しんだ……

一方で
高額の請求書が届いた

後日 時間外の花代として8万円の請求書が送られてきた

経理を通すわけにもいかず個人の預金から支払うことになった

きれいドコロに囲まれて、美味しいものを飲み食いしたら、その分の支払いがあるのはあたりまえ。

## 勘定科目を知る

# だれがみてもわかるようにグループ分けする

## バラバラだと整理できない

- ガス代
- 水道代
- 電気代
- ストーブの灯油代

↓

- 水道光熱費

同じ内容のモノをひとつのグループにまとめて、一般的なグループ名をつけて分類する。このグループの単位のことを勘定科目という

## いろいろな勘定科目

- 交通費
- 接待交際費
- 給料
- 広告宣伝費
- 支払手形
- 資本金
- 売上
- 仕入
- 買掛金
- 受取手形
- 建物
- 売掛金
- 借入金
- 現金
- 商品

ほかにも数十〜数百のグループ（勘定科目）がある

家計簿をつけるとき「食事をした」「靴を買った」ではなく「食費」「服飾費」と内容ごとに分けて書く。会社の簿記も同じように一般的なグループ名を記入する。このグループを簿記では「勘定科目（かんじょうかもく）」という。

勘定科目はたくさんあるが、すべては資産、負債、純資産、収益、費用の5グループのどれかに属している。

※それぞれの勘定科目の説明はPart3、4を参照してください。

## たくさんの勘定科目を5つに分類する

**資産**
- 現金
- 受取手形
- 売掛金
- 商品
- 建物

**負債**
- 支払手形
- 買掛金
- 借入金

**純資産**
- 資本金
- 剰余金

**費用**
- 仕入
- 給料
- 交通費
- 広告宣伝費
- 接待交際費

**収益**
- 売上

> 現金取引しかしない会社なら手形の勘定科目は必要ないんだ

どの勘定科目が必要かは、会社ごとにちがう。業種によっては一切使わない勘定科目もある。細かい決まりはないので、だれがみてもわかるような勘定科目であればOKだ。

# 会社のいろいろな取引を3ステップでノートに記入する

## 「仕訳」のしかた

### 01 取引をふたつに分解する

ひとつの取引からふたつの側面をみつける（P36参照）。

**例** 2万円のワインを現金で仕入れた

→ 2万円のワインを手に入れた ／ 現金が2万円減った

### 02 それぞれの勘定科目と金額を示す

取引を分解したら、それぞれがどの勘定科目（グループ）に含まれるのか考える。金額の増減も明示する。

**例** 2万円のワインを現金で仕入れた

- 2万円のワインを手に入れた ＝ **仕入**（費用グループ） 2万円分増えた
- 現金が2万円減った ＝ **現金**（資産グループ） 2万円分減った

ひとつの取引をふたつに分解したら、それを左右に書き分けてノートに記録する。これを「仕訳」という。仕訳がわかれば簿記がわかるといっても過言ではないほど重要だ。

しくみは単純。取引を分解したとき、それぞれが属する勘定科目（グループ）と、仕訳のルールさえチェックすればむずかしいことはない。

## 03 ふたつの側面を左右に書き分ける

取引を分解し、それぞれの勘定科目と金額がはっきりしたら、それを左右に分けて記入する。簿記では、記入欄の左側を借方、右側を貸方という。

**左側** → かりかた **借方** という

**Tフォーム**
取引を左右に書き分ける記入形式を簡略化したもの。T字型ともいう。

**右側** → かしかた **貸方** という

| グループ名（勘定科目） | 金額 | グループ名（勘定科目） | 金額 |

### 左と右の金額は一致する
＝
ひとつの取引を分解してあるため、当然ながら左右の合計金額は同じになる。これを「貸借平均の原則」という。

**？**

### どっちを左？どっちを右に記入するの？
分解したそれぞれは左と右、どちら側に記入してもよいわけではない。左右どちらに記入するかは、仕訳のルールによって決められている。

← 仕訳のルールを覚えよう！次ページへ。

Part2 仕訳は簿記の基礎の基礎

## 仕訳のしくみ

**スポーツのルールと同じ
このまま頭に叩き込もう**

ふたつの事柄を左右どちらに記入するかは、下の仕訳のルールのとおり。何の勘定科目か、その勘定科目が増えたか減ったかによって決まる。

### 仕訳のルール

左側に記入すること　　　　　右側に記入すること
　　　↓　　　　　　　　　　　　↓
（借方）　　　　　　　　　　　　　　（貸方）

| 資産の増加 | 資産の減少 |
| 負債の減少 | 負債の増加 |
| 純資産の減少 | 純資産の増加 |
| 費用の発生 | 収益の発生 |

### よくある組み合わせは8つだけ

―――――― よくある組み合わせ
------ あまりない組み合わせ

（借方）　　　　　　　　　　　　　（貸方）

資産の増加　　　　　　　　　　　　資産の減少
負債の減少　　　　　　　　　　　　負債の増加
純資産の減少　　　　　　　　　　　純資産の増加
費用の発生　　　　　　　　　　　　収益の発生

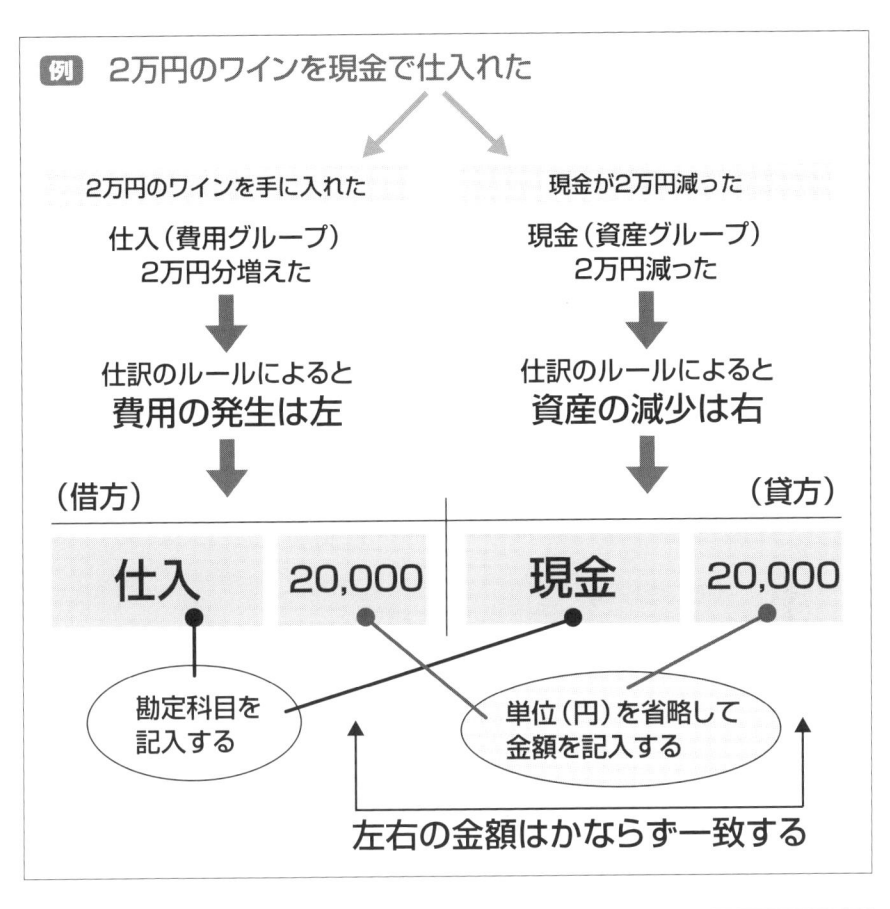

**例** 2万円のワインを現金で仕入れた

| 2万円のワインを手に入れた | 現金が2万円減った |
|---|---|
| 仕入（費用グループ）<br>2万円分増えた | 現金（資産グループ）<br>2万円減った |
| ↓ | ↓ |
| 仕訳のルールによると<br>**費用の発生は左** | 仕訳のルールによると<br>**資産の減少は右** |

（借方）　　　　　　　　　　　　　　（貸方）

| 仕入 | 20,000 | 現金 | 20,000 |

- 勘定科目を記入する
- 単位（円）を省略して金額を記入する

**左右の金額はかならず一致する**

---

仕訳のルールを
しっかり覚えて
左右を正しく
記録しよう

左右の合計が一致しても、左右をまちがえて反対に記入してしまっては、正しい決算書がつくれない。仕訳のルールをしっかりマスターしよう。

## 8つの組み合わせをマスター 仕訳をやってみよう

仕訳のしくみ

### よくある仕訳 No.01

**資産の増加 ── 収益の発生**

**例** 3000円のワインを10本売り、現金3万円を受け取った

↓　　　　　　　↓

現金が3万円増えた　　　売上が3万円うまれた

＝　　　　　　　　　　　＝

現金（資産グループ）の増加　　売上（収益グループ）の発生

**仕訳のルールチェック**

| （借方） | （貸方） |
|---|---|
| **資産の増加** | 資産の減少 |
| 負債の減少 | 負債の増加 |
| 純資産の減少 | 純資産の増加 |
| 費用の発生 | **収益の発生** |

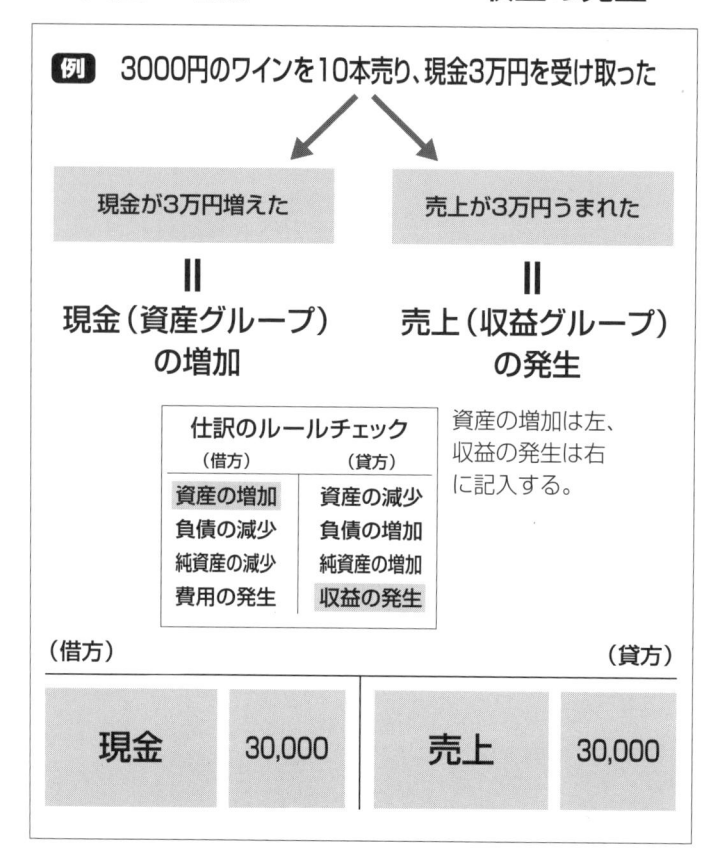

資産の増加は左、収益の発生は右に記入する。

| （借方） | | （貸方） | |
|---|---|---|---|
| 現金 | 30,000 | 売上 | 30,000 |

会社で一般的に使われる仕訳の組み合わせはそれほど多くない。よくある8つの組み合わせをマスターすれば十分だろう。あとは「仕訳のルール」（42ページ参照）を頭に入れておけば、簡単だ。

また、もうひとつの決め手となる勘定科目は、Part3、4で詳しく紹介している。こちらもよく使うものを把握しておきたい。

よくある仕訳 No.02

## 費用の発生 ——————— 資産の減少

**例** 1000円のワインを50本仕入れ、現金で5万円支払った

↙ ↘

| 仕入が5万円うまれた | 現金が5万円減った |
|---|---|
| ＝ | ＝ |
| 仕入（費用グループ）の発生 | 現金（資産グループ）の減少 |

**仕訳のルールチェック**

| （借方） | （貸方） |
|---|---|
| 資産の増加 | **資産の減少** |
| 負債の減少 | 負債の増加 |
| 純資産の減少 | 純資産の増加 |
| **費用の発生** | 収益の発生 |

費用の発生は左、資産の減少は右に記入する

| （借方） | | （貸方） | |
|---|---|---|---|
| 仕入 | 50,000 | 現金 | 50,000 |

### いちばん身近な仕訳

身近な仕訳といえば、収益と費用に関係するものだろう。
とくに費用には、交通費や接待の代金、ボールペンの購入代金など、いわゆる経費も含まれるので、会社に勤めている人はだれもが関係している。

仕訳のしくみ

よくある仕訳
**No.03**

資産の増加 ——————— 資産の減少

**例** 現金30万円を普通預金に預け入れた

↙ ↘

普通預金が30万円増えた | 現金が30万円減った

＝ | ＝

普通預金（資産グループ）の増加 | 現金（資産グループ）の減少

資産の増加は左、資産の減少は右に記入する

仕訳のルールチェック

| （借方） | （貸方） |
|---|---|
| 資産の増加 | 資産の減少 |
| 負債の減少 | 負債の増加 |
| 純資産の減少 | 純資産の増加 |
| 費用の発生 | 収益の発生 |

| （借方） | | （貸方） | |
|---|---|---|---|
| 普通預金 | 300,000 | 現金 | 300,000 |

## COLUMN 送り仮名は省略する

"お金を借り入れる"というが、簿記では「借入金」と書く。同じように、"売り上げ"は「売上」、"仕入れ"は「仕入」と記入する。

これは、勘定科目（グループ名）には基本的に送り仮名はつけないという決まりによるものだ。覚えておくといい。

例外的に送り仮名がつく勘定科目もある（P131参照）。

よくある仕訳
## No.04

## 資産の増加 ──── 負債の増加

**例** 銀行から50万円を借りた

| 現金が50万円増えた | 借入金が50万円増えた |
|---|---|
| ＝ | ＝ |
| 現金（資産グループ）の増加 | 借入金（負債グループ）の増加 |

資産の増加は左、負債の増加は右に記入する

**仕訳のルールチェック**

| （借方） | （貸方） |
|---|---|
| 資産の増加 | 資産の減少 |
| 負債の減少 | **負債の増加** |
| 純資産の減少 | 純資産の増加 |
| 費用の発生 | 収益の発生 |

| （借方） | | （貸方） | |
|---|---|---|---|
| 現金 | 500,000 | 借入金 | 500,000 |

> 借入金とは要するに借金のことだ

> 簿記がむずかしいと思うのは「買掛金」や「手形」など専門的な言葉に対するアレルギーでしょう

仕訳のしくみ

**よくある仕訳 No.05**

## 負債の減少 ──── 資産の減少

**例** 銀行から借りていた50万円を現金で返済した

↓ ↓

借入金50万円が減った　　　　現金が50万円減った

＝　　　　　　　　　　　　　＝

借入金（負債グループ）　　　現金（資産グループ）
の減少　　　　　　　　　　　の減少

| 仕訳のルールチェック ||
|---|---|
| （借方） | （貸方） |
| 資産の増加 | 資産の減少 |
| 負債の減少 | 負債の増加 |
| 純資産の減少 | 純資産の増加 |
| 費用の発生 | 収益の発生 |

負債の減少は左、資産の減少は右に記入する

（借方）　　　　　　　　　　　　　　　　　　（貸方）

| 借入金 | 500,000 | 現金 | 500,000 |
|---|---|---|---|

> 俺もそう思うよ 昔はそうだったし

> 言葉の意味がわかってくると簿記も、決算書の読み方もすんなり身についてくるからな

### よくある仕訳 No.06

## 負債の減少 ──── 負債の増加

**例** 買掛金10万円を支払うため、手形を振り出した

- 買掛金が10万円減った
  = 買掛金（負債グループ）の減少

- 支払手形が10万円増えた
  = 支払手形（負債グループ）の増加

負債の減少は左、負債の増加は右に記入する

**仕訳のルールチェック**

| （借方） | （貸方） |
|---|---|
| 資産の増加 | 資産の減少 |
| **負債の減少** | **負債の増加** |
| 純資産の減少 | 純資産の増加 |
| 費用の発生 | 収益の発生 |

| （借方） | | （貸方） | |
|---|---|---|---|
| 買掛金 | 100,000 | 支払手形 | 100,000 |

※買掛金の説明はP124、支払手形の説明はP126へ

仕訳のしくみ

よくある仕訳 No.07

## 資産の増加 ──── 純資産の増加

**例** 会社を設立して、資本金1000万円を普通預金に入金した

↙ ↘

普通預金が1000万円増えた　　　　資本金が1000万円増えた

＝　　　　　　　　　　　　　　　＝

普通預金（資産グループ）の増加　　資本金（純資産グループ）の増加

**仕訳のルールチェック**

| （借方） | （貸方） |
|---|---|
| **資産の増加** | 資産の減少 |
| 負債の減少 | 負債の増加 |
| 純資産の減少 | **純資産の増加** |
| 費用の発生 | 収益の発生 |

資産の増加は左、
純資産の増加は
右に記入する

| （借方） | | （貸方） | |
|---|---|---|---|
| 普通預金 | 10,000,000 | 資本金 | 10,000,000 |

---

**「資本」は資本？**

「資本」を辞書で引くと、「もと」の意、何かをとりだすもとになるもの、などと書いてある。さらに「資本家」や「資本主義」など「資本」を用いたいろいろな言葉がある。
しかし簿記での「資本」は、正味の財産（純資産）のことだ（P30参照）。日常用語の資本と混同しないよう気をつけたい。

よくある仕訳 No.08

## 純資産の減少 ──────── 資産の減少

**例** 資本金を1000万円減資することになり、当座預金から株主に払い戻した

↙　　　　　　　　↘

| 資本金1000万円が減った | 当座預金が1000万円減った |

＝　　　　　　　　＝

資本金（純資産グループ）の減少　　　当座預金（資産グループ）の減少

仕訳のルールチェック

| （借方） | （貸方） |
|---|---|
| 資産の増加 | 資産の減少 |
| 負債の減少 | 負債の増加 |
| **純資産の減少** | 純資産の増加 |
| 費用の発生 | 収益の発生 |

純資産の減少は左、資産の減少は右に記入する

（借方）　　　　　　　　　　　　　　　　　　　　　　（貸方）

| 資本金 | 10,000,000 | 当座預金 | 10,000,000 |

## 資本の増減に注目

### 減資

経済ニュースなどで、「減資」という言葉を聞くことがある。これは、文字どおり会社が資本金を減らすことだ。

### 増資

減資の反対に資本金を増やすことを「増資」という。事業を大きくするため、株主構成をかえるため、資金を増やすため、などが主な目的だ。

## もっと知りたい

## 簿記は世界中で通じる共通語

**簿記** 言葉はちがっても、簿記の基本的なルール、考え方は世界共通だ。

**英語** 世界で広く通用する英語。簿記も同様に世界で通じる。

複式簿記は、商業が栄えた14世紀頃のイタリアで考案されたといわれる。1494年には、簿記に関する本が数学者ルカ・パチョーリによってまとめられた。

いまでは、同じ原理の簿記が世界中で用いられている。ドイツの文豪ゲーテが"簿記は最高の芸術"とたたえたといわれるほど、すぐれた技術なのだ。

# Part 3

# 費用、収益の仕訳を知る

ビジネスで使ったお金「費用」と、得たお金「収益」にどんなものがあるか、またどう仕訳するかをチェックしよう。

同じように仕事に関わる食事代（費用）でも目的が異なると科目も異なる→P76へ。

**Case Study** こんなときどんな仕訳?

# 毎日の行動は経理に結びついている

## ——ビジネスマンの活動は簿記につながる

**AM8:30**
**電車に乗って会社へ**
**——旅費交通費**
通勤のための定期券代をはじめ、取引先への移動などにかかる費用。P60へ。

**AM10:20**
**商品を届け代金を受け取る**
**——売上** 会社の収入源となる収益。商品、製品、サービスなど主な事業による収入だ。P90へ。

 ビジネスのために活動すると、かならずお金やモノが絡んでくる。

 取引先への交通費、来客に出すお茶代、資料のコピー代や商品の売上……などいろいろある。

 これら簿記でいう取引はすべて、仕訳（40ページ参照）して記録される。Part3ではまず、費用グループと収益グループの仕訳を取り上げる。

54

**PM0:30**
打ち合わせを
かねて昼食
——**会議費**

仕事のための打ち合わせや会議にかかる諸費用。P74へ。

**PM3:00**
コーヒーでひと休み
——**福利厚生費**

社員の健康や慰安のためにかかる諸費用。P80へ。

**PM1:40**
会社へ電話をかける
——**通信費**

電話代、インターネット接続代など通信のためにかかる諸費用。P62へ。

> よし これで明日渡す資料はすべてそろったな

**PM5:50**
顧客に渡す
資料作成
——**消耗品費**

ボールペンやコピー用紙などにかかる費用。P78へ。

**Case Study** こんなときどんな仕訳？　費用グループ

# 商品30万円を現金払いで仕入れた
## ──「仕入」に関する仕訳

### 仕入にはこんなものが含まれる

- 商品の仕入れ
- 商品の仕入れにかかる手数料
- 仕入れた商品の運送料

　お客さんによろこばれるよい商品が、売り切れにならず、かつ在庫が多すぎないよう、ちょうどいい数を適正な価格で仕入れるために、担当者は日々こころを砕いている。

　「仕入(しいれ)」とは、販売するための商品や、製品をつくるための原材料などを購入したときに用いる勘定科目。仕入の反対は売上（90ページ参照）だ。

56

## COLUMN 商品と製品はちがうもの

会社が販売するために所有しているモノが「商品」で、販売するために製造したり加工したモノが「製品」だ。

たとえば、初芝電産という会社でつくっているパソコンは、初芝電産にとって製品となる。

一方、家電量販店で販売している「初芝電産のパソコン」は商品となるわけだ。

**運送料も「仕入」に含む**
仕入れた商品を仕入先から目的地まで運ぶためにかかる運送料は、「仕入」の勘定科目に含まれる。

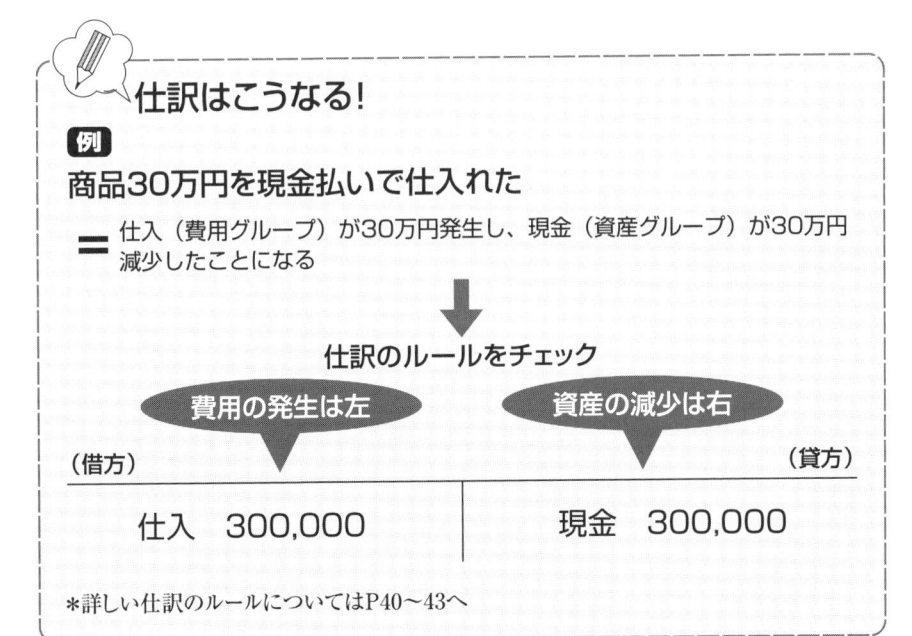

## 仕訳はこうなる！

**例**
**商品30万円を現金払いで仕入れた**

＝ 仕入（費用グループ）が30万円発生し、現金（資産グループ）が30万円減少したことになる

↓

仕訳のルールをチェック

費用の発生は左 ／ 資産の減少は右

| （借方） | （貸方） |
|---|---|
| 仕入　300,000 | 現金　300,000 |

＊詳しい仕訳のルールについてはP40〜43へ

**Case Study** こんなときどんな仕訳？　費用グループ

# 今月の給料を支払った

## ――「給料」に関する仕訳

## 仕訳は会社側の目線で考える

給料を支払う側

給料を受け取る側　　　　給料

**会社からみれば、給料は支払うもの**
社員にとって給料は受け取るものだが、会社側にとっては、当然、社員に支払う「費用」だ。仕訳は、常に会社の立場で考えることがポイントだ。

「給料(きゅうりょう)」は会社が従業員に給料や手当を支払ったときに用いる勘定科目(グループ名)。

基本給のほかに、住宅手当や家族手当、時間外手当などの諸手当、給料を現物支給した場合もこの勘定科目で記録される。

アルバイトやパートなどの賃金を支払ったときは、「雑給(ざっきゅう)」という勘定科目を別にもうけることもある。

58

> **仕訳はこうなる!**
>
> **例** 従業員に給料25万円を現金で支払った
>
> = 給料（費用グループ）が25万円発生し、現金（資産グループ）が25万円減少したことになる
>
> ↓
>
> 仕訳のルールをチェック
>
> 〔費用の発生は左〕　　〔資産の減少は右〕
>
> （借方）　　　　　　　　　　　　　　　（貸方）
>
> 　　給料　250,000　　　　　現金　250,000
>
> ＊詳しい仕訳のルールについてはP40～43へ

# 冬のボーナス65万円を支払った場合は？
## ——「賞与」に関する仕訳

給料のほかに、ボーナスを支払う場合は「賞与」という勘定科目が用いられる。給料と同じように、会社が支払う費用のひとつだ。

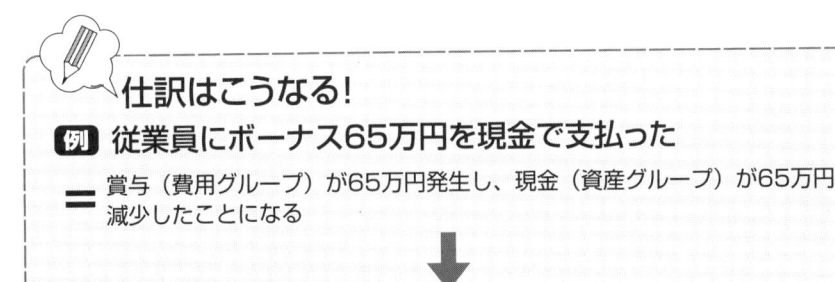

> **仕訳はこうなる!**
>
> **例** 従業員にボーナス65万円を現金で支払った
>
> = 賞与（費用グループ）が65万円発生し、現金（資産グループ）が65万円減少したことになる
>
> ↓
>
> 仕訳のルールをチェック
>
> 〔費用の発生は左〕　　〔資産の減少は右〕
>
> （借方）　　　　　　　　　　　　　　　（貸方）
>
> 　　賞与　650,000　　　　　現金　650,000
>
> ＊詳しい仕訳のルールについてはP40～43へ

Case Study　こんなときどんな仕訳？　費用グループ

# 取引先へJR線で移動した──「旅費交通費」に関する仕訳

## 旅費交通費にはこんなものがある

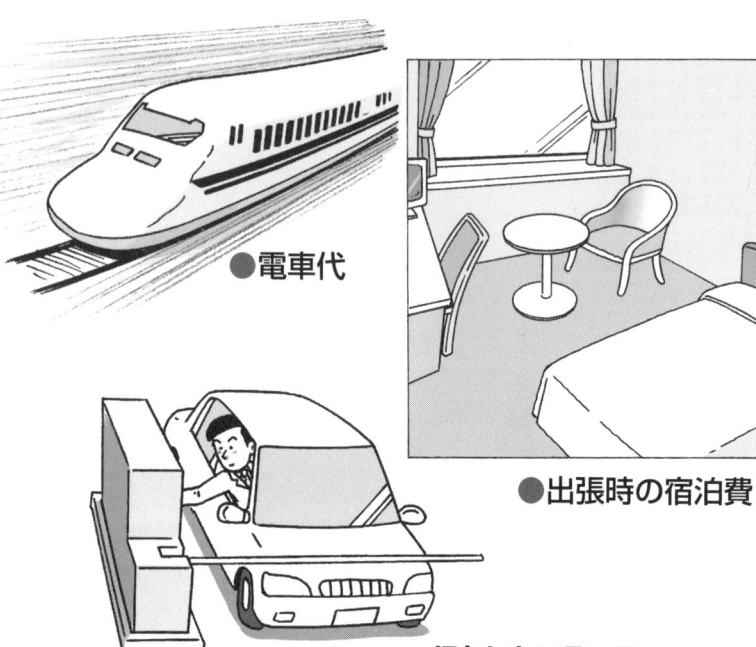

●電車代

●出張時の宿泊費

●駐車場代

出張中、個人的に観光したときにかかった費用は、当然ながら、個人負担だ。ビジネス分としっかり分けておきたい。

**ほかにもいろいろ**
●バス代
●タクシー代
●航空運賃
●有料道路通行料
●出張時の手当、食事代

　営業マンにとって、取引先や営業先への移動は、毎日のようにあるものだ。

　また、通勤に交通機関を利用している人も多いだろう。

　勘定科目には、電車代、バス代、タクシー代などの交通費や、出張にかかる旅費などが記録される。泊まりで出張するときの宿泊費も旅費に含まれる。

60

### パスポート交付代は旅費交通費になる

海外出張があれば、パスポートが必要になる。パスポートの交付には手数料がかかるが、その費用も「旅費交通費」として記録されるのだ。

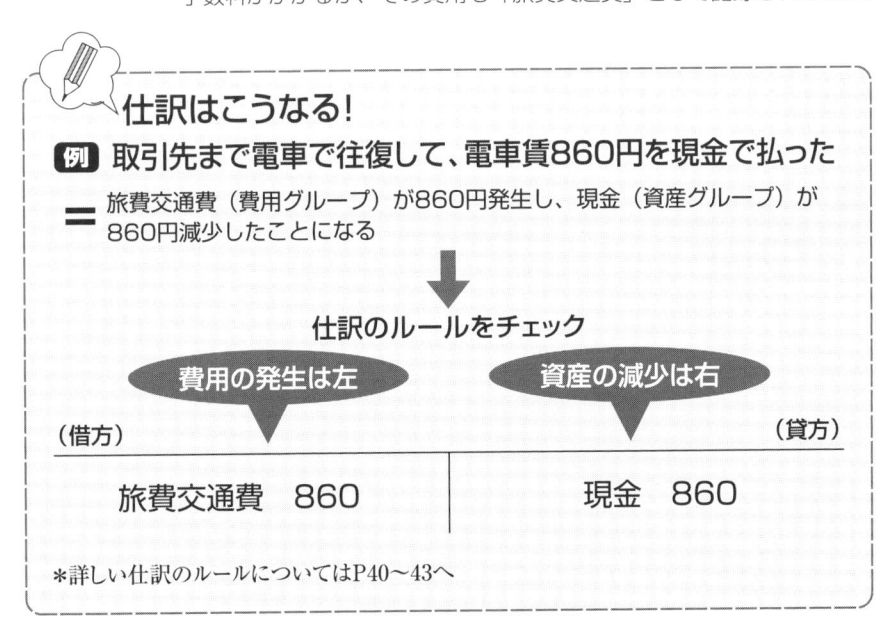

## 仕訳はこうなる！

**例** 取引先まで電車で往復して、電車賃860円を現金で払った

= 旅費交通費（費用グループ）が860円発生し、現金（資産グループ）が860円減少したことになる

↓

仕訳のルールをチェック

費用の発生は左　　　　資産の減少は右

（借方）　　　　　　　　　　　　　　　　　　　　（貸方）

| 旅費交通費　860 | 現金　860 |
| --- | --- |

＊詳しい仕訳のルールについてはP40〜43へ

## Case Study こんなときどんな仕訳？ 費用グループ

# 会社の携帯電話を使った——「通信費」に関する仕訳

## 通信費にはこんなものがある

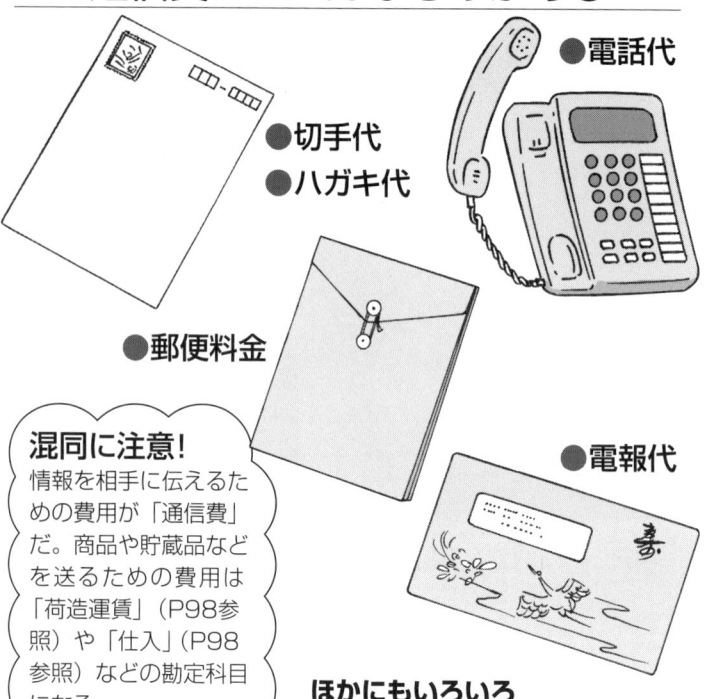

- ●電話代
- ●切手代
- ●ハガキ代
- ●郵便料金
- ●電報代

**混同に注意！**
情報を相手に伝えるための費用が「通信費」だ。商品や貯蔵品などを送るための費用は「荷造運賃」（P98参照）や「仕入」（P98参照）などの勘定科目になる。

**ほかにもいろいろ**
- ●FAX費用
- ●インターネットへの接続料
- ●書留料金
- ●速達料金
- ●ゆうパック料金

取引相手や仕事仲間が海外まで広がり、連絡手段も郵送、電話、ファクシミリやEメールなど多様化している。なかでも、携帯電話は営業マンにとって仕事をするうえで欠かせない通信手段になってきている。

これら通信のためにかかる費用には、「通信費」（しんぴ）という勘定科目（グループ名）が用いられる。

62

## 仕訳はこうなる！

**例** 今月の電話代8300円が会社の普通預金から引き落とされた

＝ 通信費（費用グループ）が8300円発生し、普通預金（資産グループ）が8300円減少したことになる

↓

仕訳のルールをチェック

費用の発生は左　　　　　資産の減少は右

（借方）　　　　　　　　　　　　　　　　　　　　（貸方）

通信費　8,300　　　｜　　　普通預金　8,300

＊詳しい仕訳のルールについてはP40〜43へ

本社ともなると毎日大量の郵便物が発送されたり届けられたりする

### 郵便物のすべてが通信費とはかぎらない

大量のダイレクトメールを送った場合、郵送にかかった費用は「広告宣伝費」（P64参照）という勘定科目になる。通信にかかった費用でも「通信費」にならないこともあるのだ。

**Case Study** こんなときどんな仕訳？ 費用グループ

# 商品のカタログを印刷した——「広告宣伝費」に関する仕訳①

## 広告宣伝費にはこんなものがある

●カレンダー制作費

●カタログ制作費

●社名入り手帳制作費

**ほかにもいろいろ**
- ●ポスター制作費
- ●会社案内作成費
- ●求人広告代
- ●ダイレクトメール代
- ●テレビ・新聞広告料金
- ●広告用写真代
- ●見本品
- ●試供品
- ●展示会出品費用

不特定多数の人に対して、商品や会社そのものを売り込むためにかかる費用には「広告宣伝費」という勘定科目が用いられる。

商品や製品のカタログをつくる費用、新聞やテレビで商品を広告する費用、会社の名前が入った手帳やカレンダーなどをつくる費用、求人広告のためにかかる費用などいろいろある。

64

（うわぁ この看板は巨大だな）

### 看板を建てた場合は？

宣伝することが目的であっても、看板やネオンサインなど耐用年数（P151参照）が1年以上で、10万円以上の場合は、固定資産の勘定科目で仕訳し、徐々に価値を下げる減価償却（P150参照）で費用にしていく。

## 仕訳はこうなる！

**例** 広告代理店に新聞広告掲載費用15万円を現金で支払った

＝ 広告宣伝費（費用グループ）が15万円発生し、現金（資産グループ）が15万円減少したことになる

↓

仕訳のルールをチェック

**費用の発生は左**　　**資産の減少は右**

| （借方） | （貸方） |
|---|---|
| 広告宣伝費　150,000 | 現金　150,000 |

＊詳しい仕訳のルールについてはP40〜43へ

**Case Study** こんなときどんな仕訳？　費用グループ

# イベント来場者にサンプル商品を配った
## ——「広告宣伝費」に関する仕訳②

**不特定多数に配る**

↓

**広告宣伝費**
街頭でサンプル商品を配ったり、会社見学に訪れた人へ新商品を渡すのは、不特定多数を対象にしているため広告宣伝費になる。

**特定の人にだけプレゼントしたら？**

↓

**接待交際費**
取引相手の部長だけに家庭で使える商品を渡す場合は、相手を特定しているため「接待交際費」（P68参照）の勘定科目が用いられることも。

> **商品を売る、会社を管理するための費用は「販管費」**
> 広告宣伝費や給料、旅費交通費、通信費、接待交際費などを、まとめて「販売費および一般管理費」という。これは「会社の販売および一般管理業務に関して発生したすべての費用」のことだ。「販管費」と略したり、「営業経費」と呼ぶこともある。

商品は商品でも、ビールの新商品や化粧品のサンプルを配布することがある。このような試供品にかかる費用は、商品を広めるためのものなので、「広告宣伝費」の勘定科目が用いられる。

ただし、商品を渡す相手が不特定多数の場合だけだ。相手を特定しているようなときは広告宣伝費にはならない場合がある。

> これだけのワインが飲み放題になるなんて……さすがは新商品のお披露目会だ

### 仕訳はこうなる!

**例** イベント来場者に配るサンプル商品10万円分を現金で購入した

= 広告宣伝費（費用グループ）が10万円発生し、現金（資産グループ）が10万円減少したことになる

↓ 仕訳のルールをチェック

【費用の発生は左】　【資産の減少は右】

（借方）　　　　　　　　　　　　　　（貸方）

| 広告宣伝費　100,000 | 現金　100,000 |

＊詳しい仕訳のルールについてはP40〜43へ

**Case Study** こんなときどんな仕訳？ 費用グループ

# 取引先へ持参するおみやげを購入した
## ──「接待交際費」に関する仕訳①

## 接待交際費にはこんなものがある

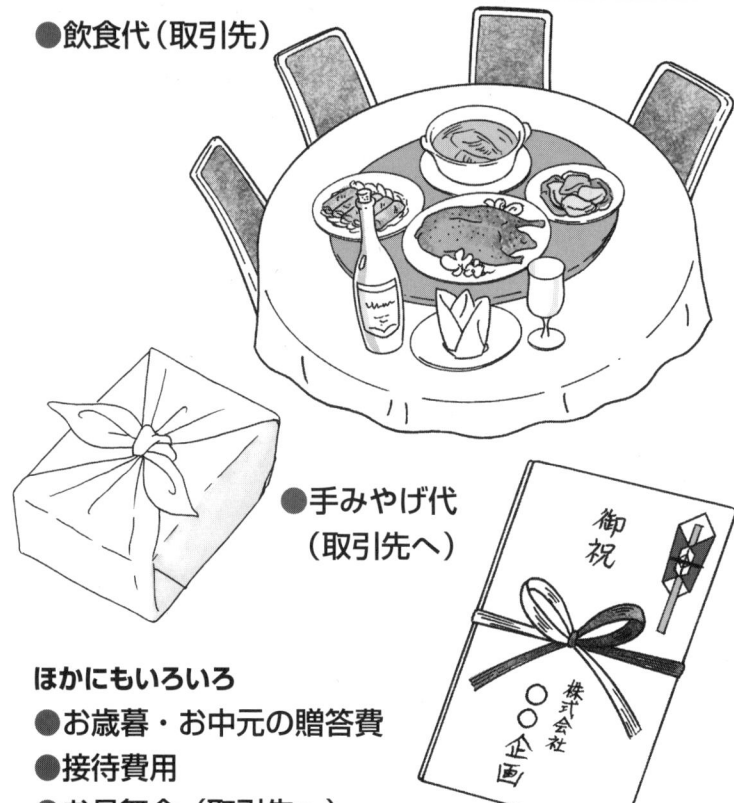

● 飲食代（取引先）

● 手みやげ代（取引先へ）

● お祝い金（取引先へ）

**ほかにもいろいろ**
● お歳暮・お中元の贈答費
● 接待費用
● お見舞金（取引先へ）
● 接待ゴルフ費用
● 観劇招待（取引先）

　取引先への贈答や接待などが、会社の活動をスムーズにおこなうために必要な場合もある。気の利いた手みやげで相手のこころをつかむ、飲食を共にして情報交換をする、ゴルフ旅行などでつきあいを深めるなど……。

　こういったお金を使うときには、「接待交際費」（または交際費）という勘定科目が用いられる。

68

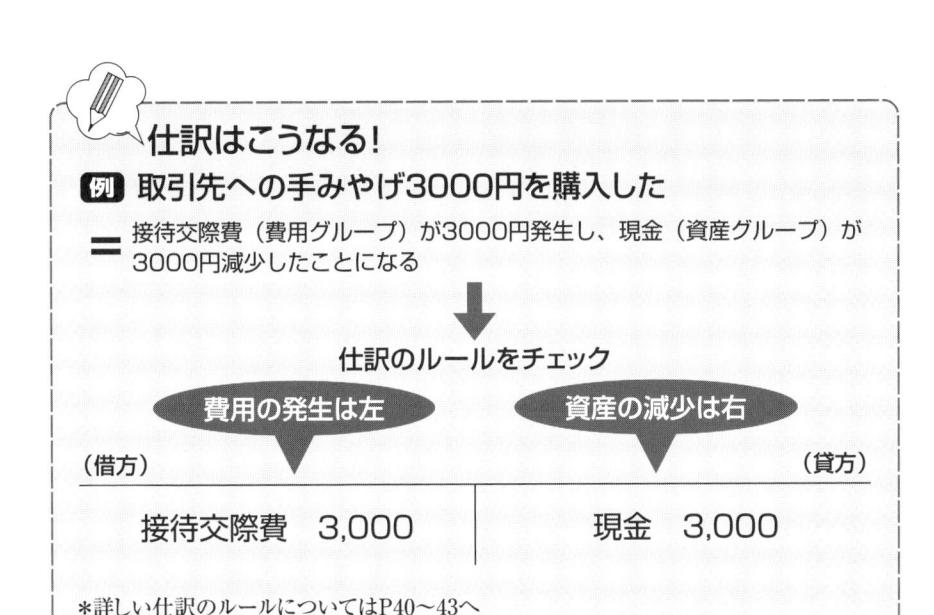

## 仕訳はこうなる!

**例** 取引先への手みやげ3000円を購入した

= 接待交際費（費用グループ）が3000円発生し、現金（資産グループ）が3000円減少したことになる

↓

仕訳のルールをチェック

- 費用の発生は左
- 資産の減少は右

（借方）　　　　　　　　　　　　　　　　　　　　　　（貸方）

接待交際費　3,000　｜　現金　3,000

＊詳しい仕訳のルールについてはP40〜43へ

## 接待交際費には限度額がある

会社の法人税は利益に応じて計算される（利益が多いほど法人税も多くなる）。接待交際費（費用）が無制限に増えると、利益が減って法人税も減ってしまうため、法人税法上では接待交際費に限度額がもうけられている。

会社の規模が一定以上であると、すべての接待交際費は損金（法人税法上の費用）として認められず、中小規模の会社でも限度額以上は損金にならない。

### 損金となる接待交際費

資本金1億円以下の会社
↓
年間400万円まで損金になる（ただし400万円以内でも支出額の10%は損金にならない）

資本金1億円超の会社
↓
損金となる接待交際費はない

Case Study こんなときどんな仕訳？　費用グループ

# 取引相手に不幸があって、香典を持参した
―「接待交際費」に関する仕訳②

## 包む相手によって科目がちがう

**社外関係者の場合**
↓
### 接待交際費
取引相手など仕事上で関係している相手やその家族への香典は、接待交際費として仕訳される。

**社内関係者の場合**
↓
### 福利厚生費
自社の社員やその家族など、社内の関係者への香典は、福利厚生費（P80参照）という勘定科目が用いられる。

**領収書のかわりに**
香典やお祝い金、お見舞金などは支払った証しとなる領収書がないことがほとんどだろう。そんな場合は、葬儀案内のFAXや、葬儀のときに受け取った会葬礼状をとっておくとよい。

「接待交際費」は、人間関係を円滑にするためにかかるお金ともいえる。

取引会社の○周年記念に花を贈って祝ったり、代表者の身内が亡くなった際に香典を包むなど、慶弔行事に関係する出費も接待交際費となる。

香典やお祝い金の場合は領収書がないため、相手や日付の記録をしておくことが大切だ。

> 島くんが
> きてくれたぞ
> よかったな

## 仕訳はこうなる!

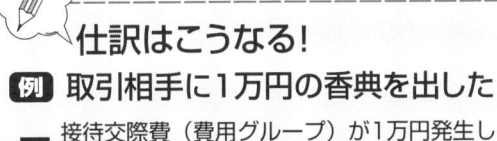

**例** 取引相手に1万円の香典を出した

= 接待交際費（費用グループ）が1万円発生し、現金（資産グループ）が1万円減少したことになる

↓

仕訳のルールをチェック

〔費用の発生は左〕　　〔資産の減少は右〕

（借方）　　　　　　　　　　　　　　　　　　　　　　　（貸方）

| 接待交際費　10,000 | 現金　10,000 |

＊詳しい仕訳のルールについてはP40〜43へ

Part3　費用、収益の仕訳を知る

**Case Study** こんなときどんな仕訳？ 費用グループ

# 取引先の専務とゴルフに行った——「接待交際費」に関する仕訳③

## プレー相手によって科目がちがう

絶好のゴルフ日和だ

ナイショッ

バシッ

**社員同士でゴルフ**
↓
### 福利厚生費
社員全員が参加するゴルフコンペのような場合は、会社負担分に「福利厚生費」（P80参照）という勘定科目が用いられることもある。

**取引相手とゴルフ**
↓
### 接待交際費
接待を目的に、取引先の部長や担当者とゴルフをする場合は、接待交際費になる。

　飲食のほかに、スポーツや旅行での接待もある。

　なかでもさかんなのはゴルフでの接待。コース上でのふるまいから人間性が垣間見え、長時間プレーを共にして汗を流すことで連帯感や信頼関係が増すという。

　ゴルフ場といえども仕事場のひとつ。その費用は「接待交際費」になる。

72

## 仕訳はこうなる！

**例** 取引先の専務とゴルフに行き、プレー代7万円を現金払いした

= 接待交際費（費用グループ）が7万円発生し、現金（資産グループ）が7万円減少したことになる

↓

仕訳のルールをチェック

費用の発生は左　　資産の減少は右

(借方)　　　　　　　　　　　　　　　　　　(貸方)

| 接待交際費　70,000 | 現金　70,000 |
|---|---|

＊詳しい仕訳のルールについてはP40〜43へ

### 帰りのハイヤー代も接待交際費

ゴルフ場へ接待相手を送り迎えするためにかかる交通費も、接待交際費に含まれる。うっかり交通費に仕訳しないよう注意したい。

お気をつけて

お疲れ様でした

**Case Study** こんなときどんな仕訳？ 費用グループ

# 昼の会議で弁当を配った

## ──「会議費」に関する仕訳

### 会議費にはこんなものがある

「前期から右肩上がりです」

- 会議資料代
- 会場使用料
- お茶、コーヒー代
- 茶菓代

常識的な「ランチ程度」の金額を超えたり、場所がスナックだったりすると、「接待交際費」（P68参照）になる。

- 弁当代

会議中にコーヒーやお茶菓子が出たり、食事の時間にかかれば軽食や弁当を食べながら会議や打ち合わせをすることがあるだろう。

会社の仕事に関係する会議や打ち合わせにかかる費用には、「会議費」という勘定科目が用いられる。

会議費は、ふさわしい場所や状況のもと「ランチ程度」の金額であることが条件だ。

74

**社内で飲むお茶**
↓
**福利厚生費**
給湯室などを利用して、社員がふだん飲んでいるお茶やコーヒー代は、「福利厚生費」（P80参照）になる。

## 仕訳はこうなる!

**例** 昼の会議で配る20人分の弁当代3万円を現金で支払った

＝ 会議費（費用グループ）が3万円発生し、現金（資産グループ）が3万円減少したことになる

↓

**仕訳のルールをチェック**

費用の発生は左　　　　　資産の減少は右

（借方）　　　　　　　　　　　　　　　　　　（貸方）

会議費　30,000　　｜　　現金　30,000

＊詳しい仕訳のルールについてはP40〜43へ

### COLUMN セミナーや講習費用は「研修費」

　仕事に関係する知識や技能を得るための研修にかかるお金は「研修費」という勘定科目で処理される。
　たとえば、ビジネスマナーなどの新人研修、財務や法務などのスキルアップ、管理職への研修などいろいろある。
　「研修費」には、参加費用や会場への旅費交通費が含まれる。会社が研修を主催する場合は、会場使用料、講師への謝礼金なども「研修費」だ。

**Case Study** こんなときどんな仕訳？ 費用グループ

# 仕事中、夜食に寿司を食べた
## ——「接待交際費」「会議費」などの仕訳

（マンガ部分）
- たまには豪華に寿司でも食べようか
- 何からにぎりましょう
- 僕はひらめから

## 目的によって科目がかわる

**取引相手と食べる寿司屋の代金**
↓
**接待交際費**

接待を目的に、取引相手と寿司屋で飲食した場合は、接待交際費（P68参照）だ。

**会議中に食べる寿司折り代**
↓
**会議費**

会議中に寿司弁当を注文して食べた場合、会議費（P74参照）になる。ただし、会議費として常識的な金額であることが条件。

**残業したときのちらし寿司代**
↓
**福利厚生費**

残業している社員のために、社長が寿司の出前を頼んだというようなケースでは、福利厚生費（P80参照）となる。

会議中の食事、残業が長引いたときの夜食、接待での食事など、ビジネスに関係している飲食代は経費となることが多い。ただし、用いられる勘定科目は食事の目的や場所、金額によって異なる。

とくに接待交際費と会議費などはまちがえやすいものは注意が必要だ。上の3つの例を参考に勘定科目の区別を知っておきたい。

76

## 仕訳はこうなる!

**例** 取引相手と寿司屋で食事をとり、現金で2万円支払った

＝ 接待交際費（費用グループ）が2万円発生し、現金（資産グループ）が2万円減少したことになる

↓

仕訳のルールをチェック

- 費用の発生は左
- 資産の減少は右

| （借方） | （貸方） |
|---|---|
| 接待交際費　20,000 | 現金　20,000 |

**例** 会議が長引いて、夜食に寿司折り5人前1万円を現金払いした

＝ 会議費（費用グループ）が1万円発生し、現金（資産グループ）が1万円減少したことになる

↓

仕訳のルールをチェック

- 費用の発生は左
- 資産の減少は右

| （借方） | （貸方） |
|---|---|
| 会議費　10,000 | 現金　10,000 |

**例** 夜食として出前のちらし寿司800円を食べた

＝ 福利厚生費（費用グループ）が800円発生し、現金（資産グループ）が800円減少したことになる

↓

仕訳のルールをチェック

- 費用の発生は左
- 資産の減少は右

| （借方） | （貸方） |
|---|---|
| 福利厚生費　800 | 現金　800 |

＊詳しい仕訳のルールについてはP40～43へ

**Case Study** こんなときどんな仕訳？ 費用グループ

# 文房具を現金で購入した——「消耗品費」に関する仕訳

## 消耗品費にはこんなものがある

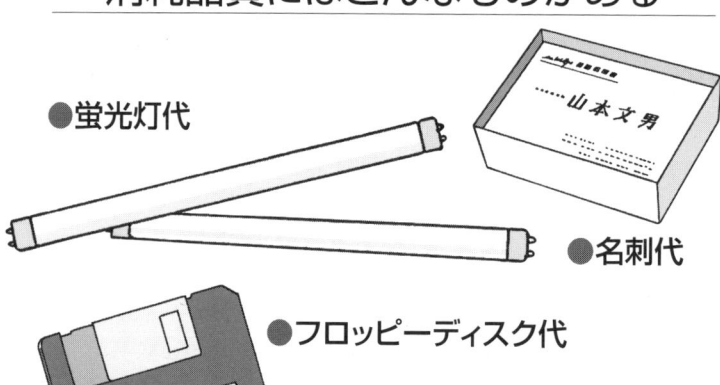

● 蛍光灯代

● 名刺代

● フロッピーディスク代

**ほかにもいろいろ**
● 鉛筆、ボールペン代
● コピー用紙代
● 消しゴム代
● 伝票代
● 封筒代
● テープレコーダー代
● 事務用机・イス（少額のもの）

**事務用品とその他を分ける**
文具などの事務用消耗品だけをまとめて別の勘定科目（事務用品費など）にすることもある。

コピー用紙やボールペンなどの事務用品や、蛍光灯など少額の備品を購入したときは、「消耗品費（しょうもうひんひ）」という勘定科目が用いられる。

備品の購入でも、1年以上使うもので10万円以上のものは、費用ではなくて資産になる（左ページ参照）。

費用、資産、いずれも、仕事のために使ったお金の結果といえるが仕訳の科目は異なる。

## 仕訳はこうなる!

**例 文房具代8000円を現金で支払った**

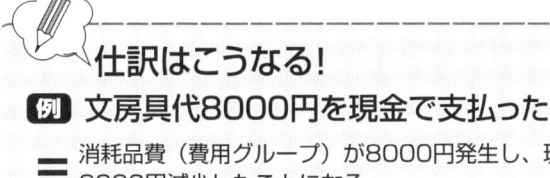

= 消耗品費（費用グループ）が8000円発生し、現金（資産グループ）が8000円減少したことになる

↓

仕訳のルールをチェック

- 費用の発生は左
- 資産の減少は右

（借方）　　　　　　　　　　　　　　　　　　　　　　　（貸方）

| 消耗品費　8,000 | 現金　8,000 |
|---|---|

＊詳しい仕訳のルールについてはP40〜43へ

## 10万円以上のものは資産グループ

**例 商品の宣伝広告を2000枚コピーする**

**決まりごと** 耐用年数が1年以上で、かつ取得価額が10万円以上のものは、資産として扱う。

コピー用紙2000枚 → 今回の期にだけ使った → **消耗品（費用）**

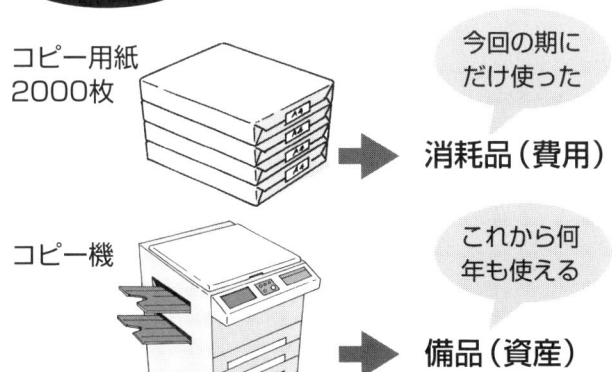

コピー機 → これから何年も使える → **備品（資産）**

### 費用と資産は似たもの同士

どちらも収益を生むためにかかった支出だが、その期の収益のために使ったものは費用にし、将来にわたって収益を生むために使うものは資産にする。備品（固定資産）についての説明や仕訳はP118へ。

※ 平成15年4月1日から平成22年3月31日までに購入した取得価額30万円までの資産は、資本金1億円以下の会社にかぎり、合計300万円まで費用グループの消耗品費として処理できる。

Case Study こんなときどんな仕訳? 費用グループ

# 受付の社員に制服を支給した——「福利厚生費」に関する仕訳①

制服を着ていると
かわいくみえるなぁ

## もしもシャネルのスーツだったら

制服といっても、シャネルのスーツのように必要以上に高級なものをそろえた場合は、給料の現物支給とみなされる(もちろん、シャネルの販売店なら話は別だ)。

制服代や社員への慶弔費などは常識的な金額を。過度な支給は、福利厚生費ではなく給料の現物支給とみなされてしまうことも。

会社が社員の医療・衛生、生活、慰安などのために支払う費用は「福利厚生費(ふくりこうせいひ)」という勘定科目に仕訳される。

社員への支出という点で給料と似ているが、目的がちがうことに注意を。

また、社員の健康保険料などの一部を会社が負担しているのも福利厚生が目的だが、これは「法定福利費(ほうていふくりひ)」という勘定科目になる。

80

## 福利厚生費にはこんなものがある

- コーヒー代（会社で飲む）
- 予防注射費用
- 社宅諸費用

**ほかにもいろいろ**
- お茶代
- 健康診断費用
- 社内関係者へのお見舞金、お祝い金、香典など

### 仕訳はこうなる！

**例** 受付社員用に3名分計6万円の制服を現金で購入した

＝ 福利厚生費（費用グループ）が6万円発生し、現金（資産グループ）が6万円減少したことになる

↓

仕訳のルールをチェック

費用の発生は左　　資産の減少は右

| （借方） | （貸方） |
|---|---|
| 福利厚生費　60,000 | 現金　60,000 |

＊詳しい仕訳のルールについてはP40〜43へ

**Case Study** こんなときどんな仕訳？　費用グループ

# 部内のみんなで社員旅行に出かけた ——「福利厚生費」に関する仕訳②

業務的な目的ではなく、社員の慰安を目的とした旅行費用は「福利厚生費」になる。

ただし、旅行のためにかかった費用でも目的がかわると勘定科目が「接待交際費」「研修費」「旅費交通費」などとかわる。

どういった基準によって勘定科目が決まるのか、上に挙げた4つの例を参考に知っておきたい。

## 同じ旅行でも内容や目的で科目がかわる

**社員全員での慰安旅行**
社員の慰安のためにいく社員旅行にかかる費用は、福利厚生費になる。
↓
**福利厚生費**

**取引先を交えた親睦旅行**
取引相手や、会社が加盟している組合や協会のメンバーといく旅行費用は接待交際費（P68参照）になる。
↓
**接待交際費**

**研修を目的とした研修旅行**
新人研修などの社員の研修を目的とした旅行の場合は、研修費（P75参照）が用いられる。
↓
**研修費**

**仕事を目的とした出張**
仕入れや会議など、仕事を目的とした出張旅行の場合は、旅費交通費（P60参照）になる。
↓
**旅費交通費**

## 仕訳はこうなる!

**例**
社員旅行費用計70万円を現金で支払った

= 福利厚生費（費用グループ）が70万円発生し、現金（資産グループ）が70万円減少したことになる

↓

仕訳のルールをチェック

費用の発生は左　　　資産の減少は右

| （借方) | | （貸方） |
|---|---|---|
| 福利厚生費　700,000 | | 現金　700,000 |

＊詳しい仕訳のルールについてはP40～43へ

**Case Study** こんなときどんな仕訳？　費用グループ

# 電気代を現金で支払った
## ——「水道光熱費」に関する仕訳

### 水道光熱費にはこんなものがある

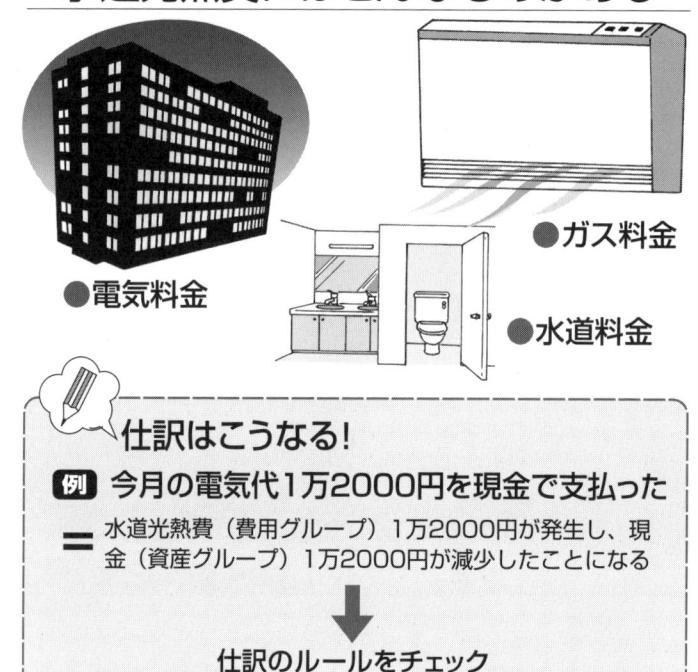

- ●電気料金
- ●ガス料金
- ●水道料金

### 仕訳はこうなる！

**例** 今月の電気代1万2000円を現金で支払った

＝ 水道光熱費（費用グループ）1万2000円が発生し、現金（資産グループ）1万2000円が減少したことになる

↓

仕訳のルールをチェック

- 費用の発生は左（借方）
- 資産の減少は右（貸方）

| 水道光熱費 | 12,000 | 現金 | 12,000 |

＊詳しい仕訳のルールについてはP40～43へ

---

電気料金、ガス料金、水道料金、ストーブの灯油代金などは、「水道光熱費」という勘定科目が用いられる。会社によって、「光熱水費」「光熱費」「光熱費・電気代」など、科目の表記はさまざまだが同じもの。

ちなみに、水道料金や電気代であっても、福利厚生施設でかかった場合は、「福利厚生費」（80ページ参照）として処理される。

84

# 毎月払っている新聞の購読料は?
## ——「図書費」に関する仕訳

電気・水道と同様に毎月の出費といえば、新聞をはじめとする図書類がある。社会や業界の情報を知るためにかかった費用には、「図書費」という勘定科目が用いられる。新聞や雑誌のほかに、地図や統計資料の購入代などがこれにあたる。

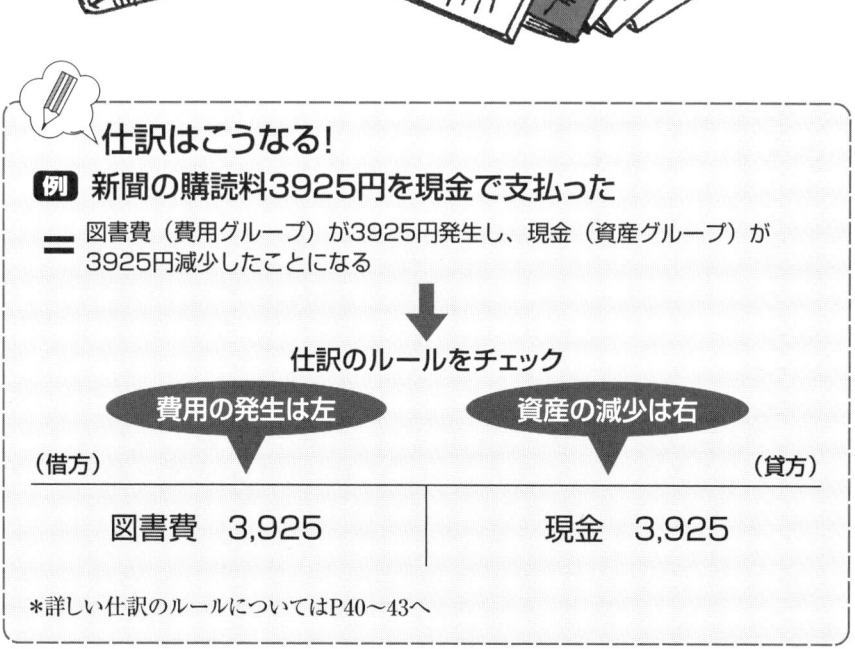

●新聞購読料

●書籍・雑誌購入代

### 仕訳はこうなる!

**例** 新聞の購読料3925円を現金で支払った

＝ 図書費(費用グループ)が3925円発生し、現金(資産グループ)が3925円減少したことになる

↓

**仕訳のルールをチェック**

費用の発生は左　　　資産の減少は右

| (借方) | (貸方) |
|---|---|
| 図書費　3,925 | 現金　3,925 |

＊詳しい仕訳のルールについてはP40〜43へ

**Case Study** こんなときどんな仕訳? 費用グループ

# コピー機のリース料を現金で支払った──「賃借料」に関する仕訳

## 賃借料にはこんなものがある

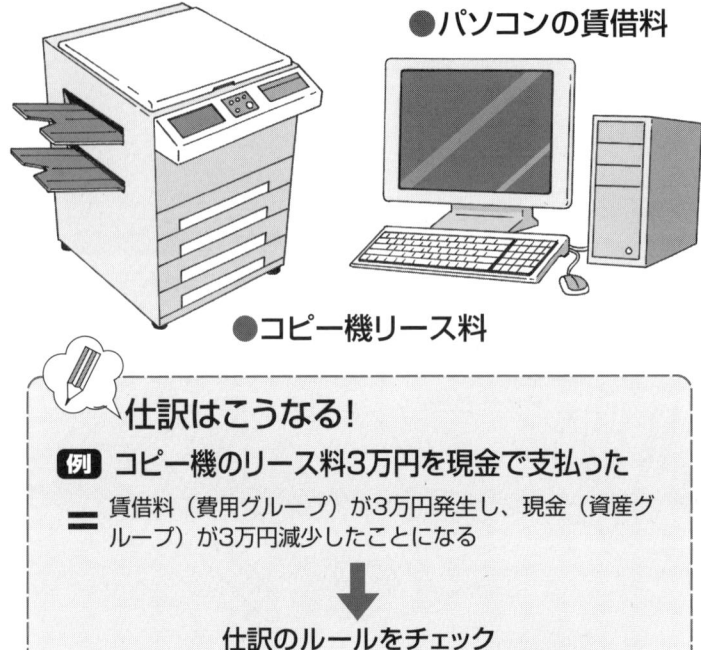

●パソコンの賃借料

●コピー機リース料

### 仕訳はこうなる!

**例** コピー機のリース料3万円を現金で支払った

= 賃借料（費用グループ）が3万円発生し、現金（資産グループ）が3万円減少したことになる

↓

仕訳のルールをチェック

| 費用の発生は左 | 資産の減少は右 |
|---|---|
| （借方） | （貸方） |
| 賃借料　30,000 | 現金　30,000 |

＊詳しい仕訳のルールについてはP40〜43へ

コピー機やパソコンをリースしている会社は、けっこう多いものだ。このような事務機器や自動車など資産のレンタルやリースにかかる費用には、「賃借料」などの勘定科目が用いられる。

同じ賃借でも、土地や建物を借りている場合は、「地代家賃」「支払家賃」などの勘定科目に区別されることもある。

# 月極駐車場の支払いは?
## ——「地代家賃」に関する仕訳

建物や土地を借りる費用には「地代家賃」などの勘定科目が用いられる。事務所や店舗、倉庫を借りたり、土地を借りた場合に用いられる。

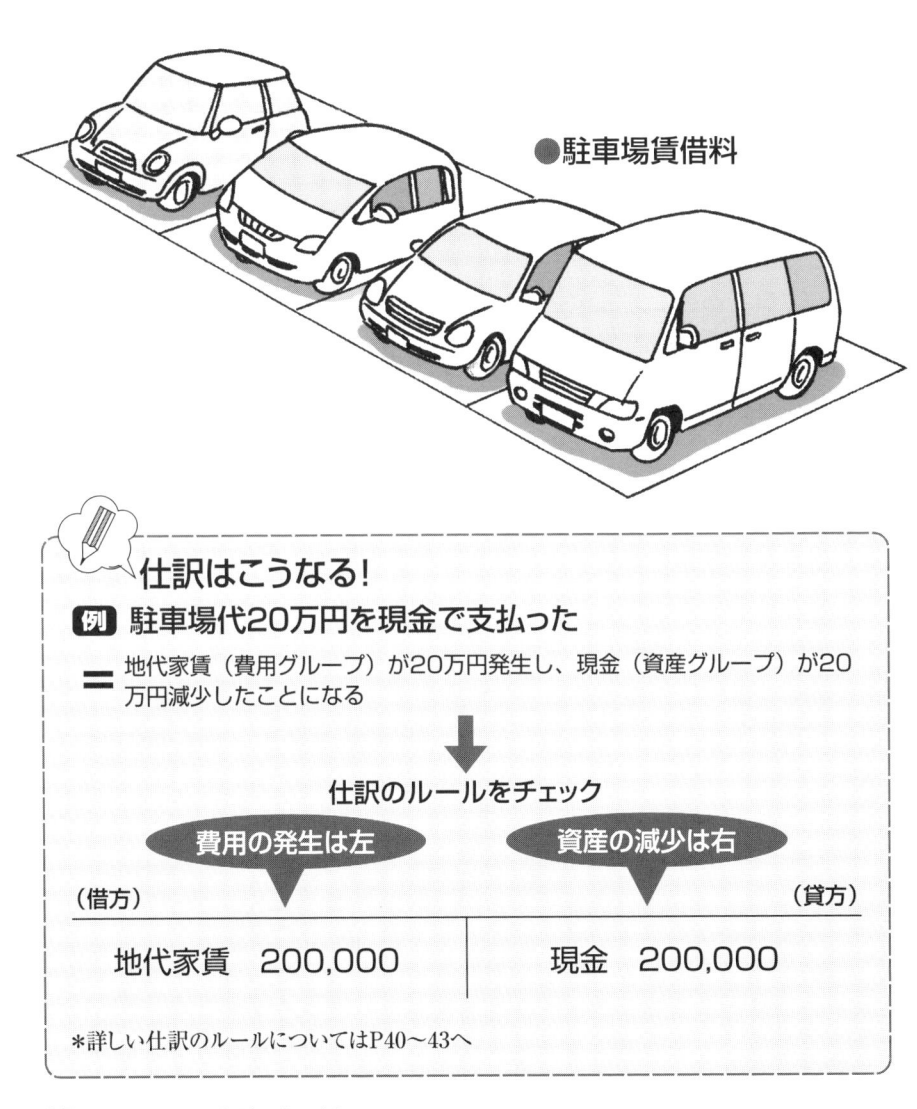

●駐車場賃借料

### 仕訳はこうなる!

**例** 駐車場代20万円を現金で支払った

= 地代家賃（費用グループ）が20万円発生し、現金（資産グループ）が20万円減少したことになる

↓

仕訳のルールをチェック

| 費用の発生は左 | 資産の減少は右 |
|---|---|
| （借方） | （貸方） |
| 地代家賃　200,000 | 現金　200,000 |

＊詳しい仕訳のルールについてはP40〜43へ

**Case Study** こんなときどんな仕訳? 費用グループ

# 火災保険料を現金で支払った ──「保険料」に関する仕訳

## 保険料にはこんなものがある

「保険料」になるいろいろな保険
- 生命保険
- 自動車損害賠償責任保険
- 損害賠償責任保険
- 火災保険
- 自動車任意保険
- 建物共済保険
- 運送保険

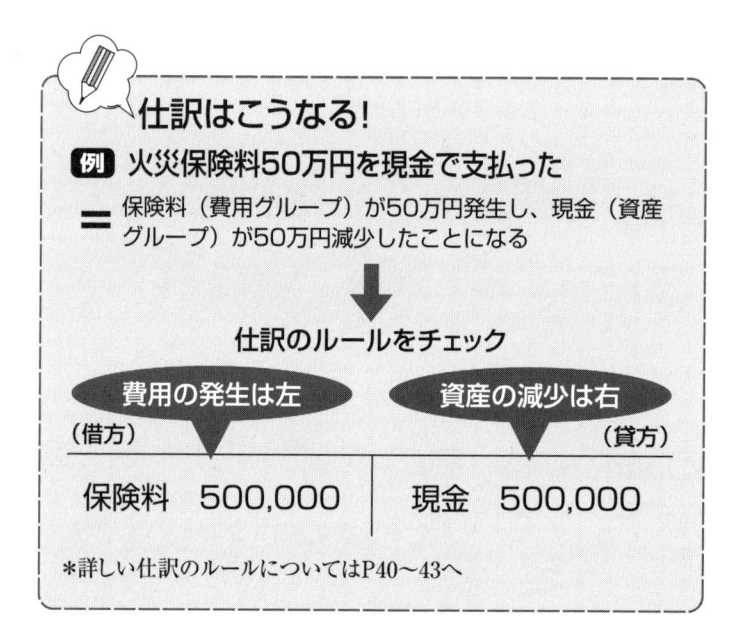

### 仕訳はこうなる!

**例** 火災保険料50万円を現金で支払った

= 保険料(費用グループ)が50万円発生し、現金(資産グループ)が50万円減少したことになる

↓

仕訳のルールをチェック

| 費用の発生は左 | 資産の減少は右 |
|---|---|
| (借方) | (貸方) |
| 保険料　500,000 | 現金　500,000 |

＊詳しい仕訳のルールについてはP40〜43へ

火災保険や自動車保険など、会社が加入している保険は意外と多い。会社がダメージを受けるような事態に備えた危機管理のひとつなのだ。

保険にかかるお金には、「保険料」という勘定科目が用いられる。保険料は数年分まとめて支払う場合もあり、決算のときに修正が必要になることもある(154ページ参照)。

88

あぁ こりゃ大変だ

## 壊れたガラスを入れ替えたら？
―― 「修繕費」に関する仕訳

ガラスが割れたり、建物の壁がはがれるなどして修理が必要になることもある。保険がきかずに、実費を支払った場合は、「修繕費」という勘定科目で処理される。

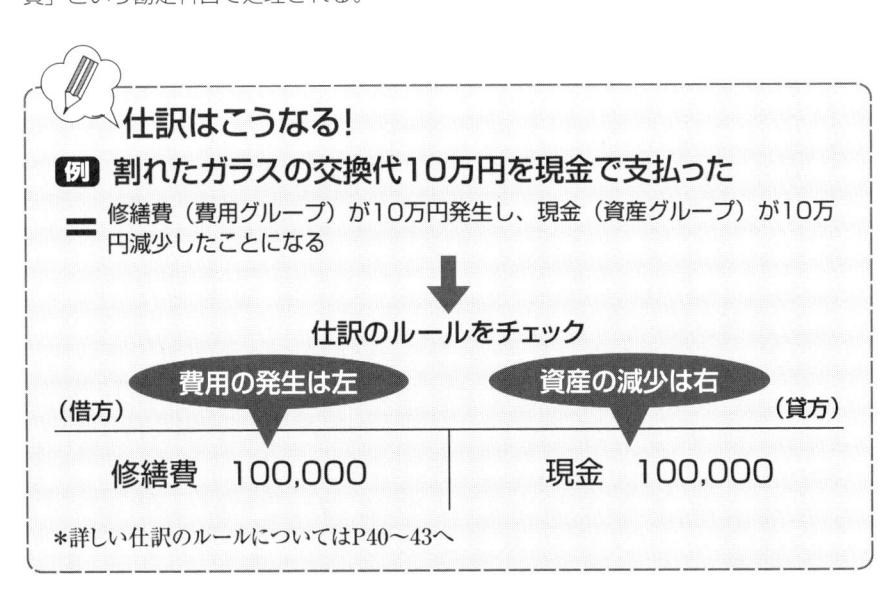

### 仕訳はこうなる！

**例** 割れたガラスの交換代10万円を現金で支払った

= 修繕費（費用グループ）が10万円発生し、現金（資産グループ）が10万円減少したことになる

↓ 仕訳のルールをチェック

費用の発生は左　　　資産の減少は右

（借方）　　　　　　　　　　　　　　　（貸方）

修繕費　100,000　｜　現金　100,000

＊詳しい仕訳のルールについてはP40～43へ

Case Study　こんなときどんな仕訳？　収益グループ

# B社に商品を販売し、代金を受け取った——「売上」に関する仕訳①

## 「売上」を記録するタイミング

営業マンAさん

← 電話でアポイントをとる
← 見積書を渡して打ち合わせ
← 商品の注文を受けた

注文を受けて契約を交わしても、会社の財産には影響がない。モノや金に変化がないうちは簿記の対象にならない。

**取引は一度でおわらない**
商品を売るといっても、注文を受けてから、納品、代金の受け取りまでが一度におこなわれることはあまりない。帳簿（ノート）に計上するときは、タイミングに注意が必要だ。

商品、製品の販売やサービスの提供など、会社の本業で得た代金を売り上げという。売り上げが出たときに用いる勘定科目が「売上（うりあげ）」だ。

本業以外で得た収入は「売上」には入らない。たとえば、ワインを販売する会社が不要になった不動産を売却して得た収入などは、「売上」にはならないのだ。

90

代金を受け取った ← ★商品を発送した

入金がまだでも、商品を発送したときに「売上」を計上することを「実現主義」という。「売上」などの収益は、会計ルールに従って実現主義で計上する（一方、費用の場合は、代金が未払いでも購入時に計上する「発生主義」が基本だ）。

会社の商品が減ったり、お金を受け取るなど、会社の財産が増減してはじめて簿記の対象になる。

## 仕訳はこうなる！

**例** B社に商品120万円を販売し、代金を現金で受け取った

= 売上（収益グループ）が120万円発生し、現金（資産グループ）が120万円増加したことになる

↓

仕訳のルールをチェック

　資産の増加は左　　　　　　収益の発生は右

| （借方） | （貸方） |
|---|---|
| 現金　1,200,000 | 売上　1,200,000 |

＊詳しい仕訳のルールについてはP40〜43へ

91　Part3　費用、収益の仕訳を知る

Case Study こんなときどんな仕訳？ 収益グループ

# B社から商品の不具合による返品があった──「売上」に関する仕訳②

## 売り上げと返品は正反対

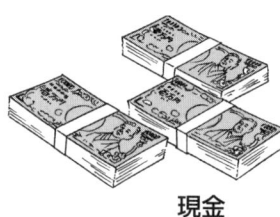

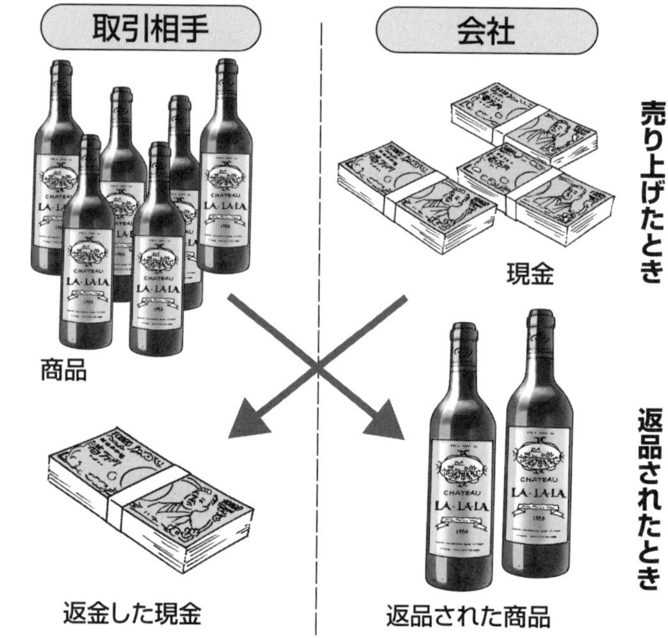

**取引相手** | **会社**

商品 / 現金 ← 売り上げたとき

返金した現金 / 返品された商品 ← 返品されたとき

**仕訳も逆になる**
商品が返品されると、その分の代金が返金される。商品も現金も、販売したときと正反対の動きになるのだ。そのため、左ページのように「逆仕訳」をおこなう。

取引先に商品を納めたあとで、品物がまちがっていたり、不具合があったりして、返品されることがある。返品されれば、その分の代金を返金する必要も出てくる。

このような場合も、モノやお金に増減が生じるため、簿記の対象になる。

仕訳は、商品を売り上げたときの反対にすればよいのだ。

92

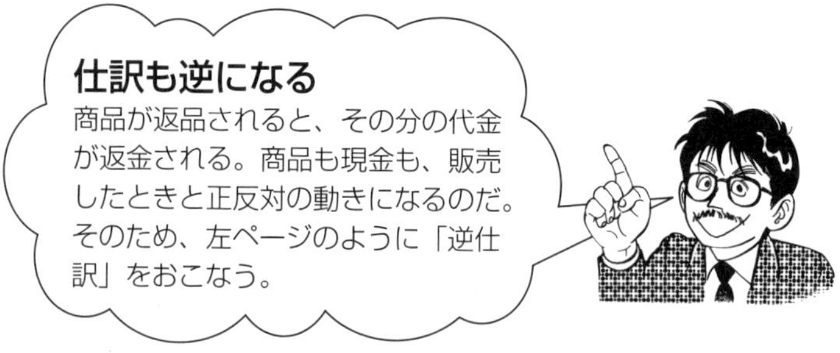

## 仕訳はこうなる!

**例** 先月販売した商品のうち3万円分が返品され、その分の代金を返金した

= 売上（収益グループ）が3万円減って、現金（資産グループ）が3万円減少することになる

↓

仕訳のルールをチェック

収益の取り消しは左　　　資産の減少は右

| (借方) | (貸方) |
|---|---|
| 売上　30,000 | 現金　30,000 |

＊左右の勘定科目が、収益が生じたときの仕訳と逆になる。

---

残念ながら、先月納品したワインの一部に劣化した商品が混じっていたと返品がありました

輸入段階での品質管理がよくなかったと思われます

**Case Study** こんなときどんな仕訳？　収益グループ

# 普通預金に利息がついた

## ——「受取利息」に関する仕訳

> そんなに利息がつくの！ラッキーね

### いろいろな利息

ひと口に利息といっても、普通預金の利息、郵便貯金の利息、貸付金の利息、社債の利息、国債の利息などいろいろある。利息の種類に関係なく、受け取った利息を「受取利息」というのだ。

> 社債や国債がよくわからない人は先にP116へ。

銀行や郵便局に預けた預貯金の利子や、ほかの会社や個人に貸したお金の利子を受け取ったときには、「受取利息」という勘定科目が用いられる。

反対に、お金を借りているときに支払う利子には、「支払利息」という勘定科目が用いられる。収益グループの受取利息と費用グループの支払利息、セットで覚えると便利だ。

94

## 仕訳はこうなる!

**例** 定期預金100万円が満期になり、税引後の利息8000円と一緒に普通預金に預け入れた

= 定期預金（資産グループ）が100万円減り、受取利息（収益グループ）が8000円発生、普通預金（資産グループ）が100万8000円となる

### 仕訳のルールをチェック

*資産の増加は左*
*資産の減少は右 収益の発生は右*

| （借方） | | （貸方） | |
|---|---|---|---|
| 普通預金 | 1,008,000 | 定期預金 | 1,000,000 |
| | | 受取利息 | 8,000 |

＊詳しい仕訳のルールについてはP40〜43へ

### ふたつ以上の勘定科目が並ぶこともある

仕訳したとき、勘定科目はそれぞれひとつずつとはかぎらない。たとえば、商品を仕入れて一部を現金で支払って残りを掛にする場合は、貸方（右）の勘定科目はふたつになる。

| （借方） | | （貸方） | |
|---|---|---|---|
| 仕入 | 200,000 | 現金 | 50,000 |
| | | 買掛金 | 150,000 |

左（借方）の合計金額と右（貸方）の合計金額は一致する

Case Study　こんなときどんな仕訳？　収益グループ

# 長期保有株式の配当金を受け取った　──「受取配当金」に関する仕訳

**本業以外のもうけ**
所有する株式の配当金などを受け取って得たもうけは本業のもうけではない。決算書を作成するときは、本業以外の収益をまとめて「営業外収益」とよぶ。

## 仕訳はこうなる！

**例** 長期保有の株式にかかる配当金5万円から税金が引かれ4万5000円を現金で受け取った

= 受取配当金（収益グループ）が5万円発生し、現金（資産グループ）が4万5000円増加して、租税公課（P98参照。費用グループ）が5000円発生した

### 仕訳のルールをチェック

資産の増加は左
費用の発生は左

収益の発生は右

| （借方） | （貸方） |
|---|---|
| 現金　　45,000 | 受取配当金　50,000 |
| 租税公課　5,000 | |

＊詳しい仕訳のルールについてはP40〜43へ

株式会社は一定の利益が出ると、それを株主に分配する。分配される利益を「配当金」という。もちろん利益が出ない場合は配当金もない。

会社は資産運用などを目的に他社の株式を保有することがある。もっている株式に対する配当金を受け取ったときは、「受取配当金」という勘定科目が用いられる。

## 手持ちの資金で金もうけ

**株主のメリット**　もっている株式の発行会社がもうかると、もっている株式数に応じて配当金を受け取ることができる。

**例** A社がB社の株式を保有している場合

**B社がもうかると**
A社はB社のもうけの一部を配当金として受け取る

**B社がもうからないと**
A社は配当金がもらえない

株数

株券の持ち主

**株券**
株主がもっている株式（会社の権利の一部）を目にみえる形にしたもの。証券取引所に上場している株式会社は2009年1月に株券不発行制度に移行（株券の電子化）

株式を発行している会社の名前

Case Study 経理がわかるポイント

# 費用と収益の主な勘定科目

会社のもうけに関係する費用グループと収益グループの主な勘定科目を挙げた。すべて覚える必要はないが、よく使う科目は知っておきたい。

## 費用グループ

**売上原価**
- 仕入 ―― 販売のための商品や製品をつくるための原材料を購入したときに処理する科目
- 売上原価 ―― （実際に売り上げた分の）商品の仕入原価、製品の製造原価のこと

**販売費及び一般管理費**
- 給料 ―― 社員に対して支払う給料や手当
- 賞与 ―― 社員に対して支払うボーナス
- 法定福利費 ―― 健康保険料や雇用保険料などの会社負担分
- 福利厚生費 ―― 社員の健康や慰安など福利厚生にかかる費用
- 旅費交通費 ―― 仕事に必要な交通費や出張にかかる旅費など
- 通信費 ―― 電話代、郵便代などの通信にかかる費用
- 荷造運賃 ―― 商品や製品などの運搬費用
- 広告宣伝費 ―― 商品や会社を広告、宣伝するための費用
- 接待交際費 ―― 取引相手への贈答や接待にかかる費用
- 会議費 ―― 会議や打ち合わせの会場費用、飲食代など
- 車両費 ―― 仕事に使う車の燃料費や保険料、維持費など
- 水道光熱費 ―― 電気代、水道代、ガス代などの費用
- 消耗品費 ―― コピー用紙や蛍光灯など消耗品の購入代金
- 租税公課 ―― 印紙や固定資産税、自動車税など
- 図書費 ―― 新聞や雑誌などの購入代金
- 支払家賃 ―― 店舗、事務所、駐車場の家賃や使用料など
- 支払手数料 ―― 銀行の振込手数料や税理士への顧問料など
- 諸会費 ―― 会社が加入している業界団体や町内会の会費
- 賃借料 ―― パソコンやコピー機など事務機器のリース料

保険料 ──────── 会社が加入している火災保険料など
修繕費 ──────── 建物やパソコンなどの修理にかかる費用
事務用品費 ────── 事務作業に使う文房具などの購入代金
研修費 ──────── 新人研修など社員の教育にかかる支払い
減価償却費 ────── 固定資産の価値の減少分を費用化したもの
貸倒引当金繰入 ──── 貸倒引当金として設定した見積額
貸倒損失 ─────── 取引先の倒産などで回収できなくなった債権
雑費 ───────── 販管費のうちほかの科目に属さないもの

**営業外費用**
支払利息 ─────── 借入金の利子として支払った金額
有価証券売却損 ──── 有価証券を売ったときの損失
雑損失 ──────── ほかの勘定科目に入らない営業外費用

**特別損失**
固定資産売却損 ──── 固定資産を売ったときの損失
固定資産除却損 ──── 固定資産を廃棄処分したときの損失

## 収益グループ

**売上高**
売上 ───────── 商品や製品を販売したときに処理する科目

**営業外収益**
受取手数料 ────── 取引の仲介をして受け取った手数料など
受取利息 ─────── 預貯金や貸付金の利子として受け取った金額
受取配当金 ────── 所有する株式の配当金として受け取った金額
有価証券売却益 ──── 有価証券を売ったときの利益
雑収入 ──────── ほかの勘定科目に入らない営業外収益

**特別利益**
固定資産売却益 ──── 固定資産を売ったときの利益
貸倒引当金戻入 ──── 前期に設定した貸倒引当金の戻入をしたもの

## もっと知りたい

# 映画『マルサの女』からお金を学ぶ

> あいつは浪費家ね
> グラスなんて
> もたずに
> 落ちてくる水を
> そのまま飲んじゃう
> タイプよ

監督、俳優、エッセイストなどとして才能を振るった伊丹十三の映画『マルサの女』は、国税局と納税者の攻防を描いた作品だ。作品中には、「売掛金」「手形」「小切手」「貸倒れ」などの言葉がちりばめられ、決算書も登場する。予備知識がなくてもわかるが、経理や簿記を知っていれば、さらに深く楽しめるだろう。

### お金を貯めるには…

映画のなかで、グラスに溜まる水をお金にたとえた会話が出てくる。ふつうの人は、グラスに半分くらい水が溜まると飲み干してしまうが、お金を貯めるにはグラスいっぱい溜まるのを待って、あふれた水をなめるだけにするという話だ。あなたならどうする？

# Part 4

まずは財産の基本となる「現金」をみていこう
→P102へ。

## 資産、負債、純資産の仕訳の知識を得る

「資産」「負債」「純資産」には、どんなものがあって、どう仕訳されるかをおさえよう。「借金も財産」といわれる意味もわかるはずだ。

**Case Study** こんなときどんな仕訳? 資産グループ

# 商品の代金として現金を受け取った
## ——「現金」に関する仕訳

## 現金にはこんなものがある

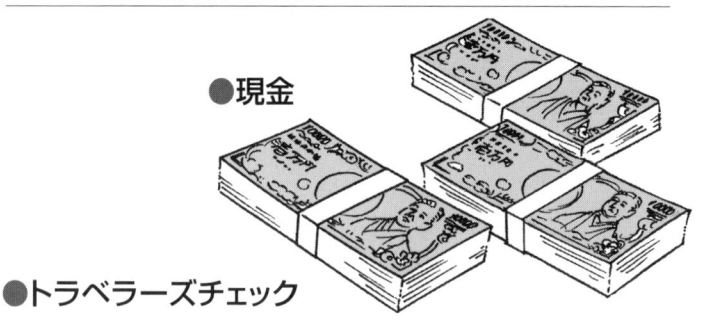

●現金

●トラベラーズチェック

**トラベラーズチェックとは?**
旅行者用の小切手。サインだけで現金と同じように使える。紛失や盗難のときも再発行してもらえる。

**受け取った小切手も「現金」**
小切手を受け取ったときは現金として記録する。通貨と同じようにいつでも現金にかえられるからだ。ただし、小切手で支払いをするときは現金ではなく「当座預金」という勘定科目になるので気をつけたい（P104参照）。

現金というとふつうはコインと札の通貨のことだ。

しかし簿記の「現金」という勘定科目には、いつでも現金にかえることが可能な受け取った小切手なども含まれる。

ほかに「送金小切手」「郵便為替証書」なども「現金」として扱う。

勘定科目の「現金」は、一般的な現金よりも広い範囲を指すのだ。

102

## 仕訳はこうなる!

**現金が増えたとき**

例 商品の代金3万円を現金で受け取った

＝ 現金（資産グループ）が3万円増加し、売上（収益グループ）が3万円発生したことになる

↓

仕訳のルールをチェック

| （借方） 資産の増加は左 | 収益の発生は右 （貸方） |
|---|---|
| 現金　30,000 | 売上　30,000 |

**現金が減ったとき**

例 現金10万円を普通預金に預けた

＝ 現金（資産グループ）が10万円減少し、普通預金（資産グループ）が10万円増加したことになる

↓

仕訳のルールをチェック

| （借方） 資産の増加は左 | 資産の減少は右 （貸方） |
|---|---|
| 普通預金　100,000 | 現金　100,000 |

＊詳しい仕訳のルールについてはP40〜43へ

## COLUMN 通貨代用証券は安全・安心

小切手のようにすぐに現金にかえられる証券を通貨代用証券という。これを使えば、支払いのときなどに高額のお金を持ち歩かなくてすむ。

高額の支払いのために現金を持ち歩いたり、来客に多額の現金を渡すのは、あまりおすすめできない。荷物になるし、紛失や盗難も心配だ。

小切手ならば持ち歩きも簡便で、危険も少なくなる。

**Case Study** こんなときどんな仕訳？　資産グループ

# 商品を仕入れ、小切手で支払った――「当座預金」に関する仕訳

## 当座預金と小切手のしくみ

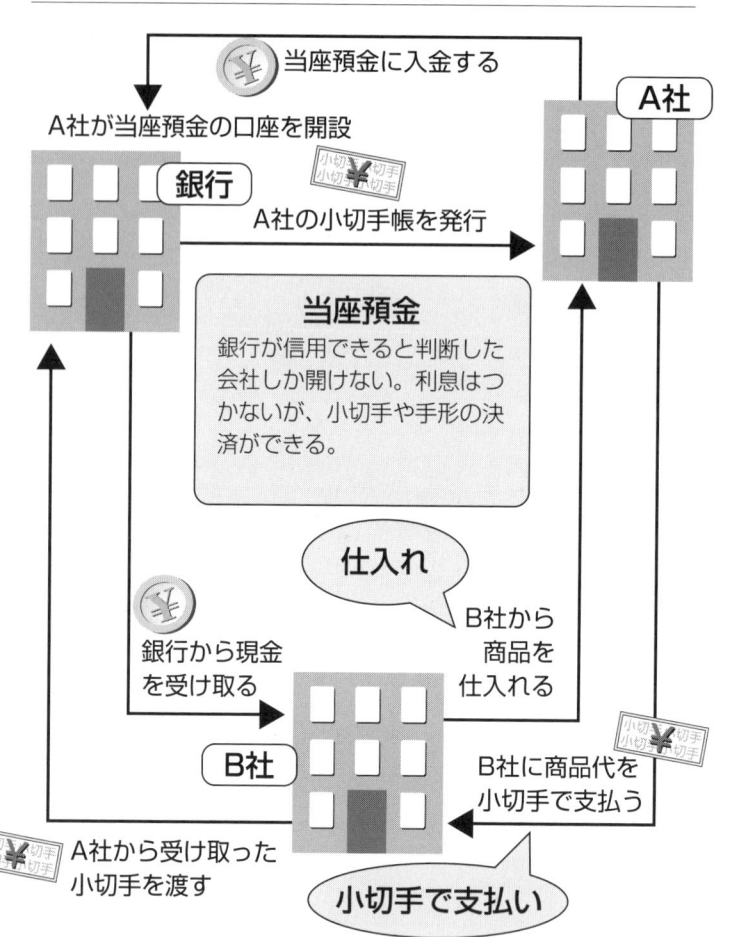

A社が当座預金の口座を開設

当座預金に入金する → A社

銀行 → A社の小切手帳を発行 → A社

**当座預金**
銀行が信用できると判断した会社しか開けない。利息はつかないが、小切手や手形の決済ができる。

仕入れ：B社から商品を仕入れる

銀行から現金を受け取る

B社 → B社に商品代を小切手で支払う

A社から受け取った小切手を渡す

小切手で支払い

　支払いのたびに多額の現金を持ち歩くのは不安なもの。小切手を使えば、そんな心配も軽減される。

　小切手で支払いをするには、銀行預金のひとつである「当座預金（とうざよきん）」の口座を開く必要がある。銀行と当座取引契約を結ぶことで小切手が使えるようになり、銀行が支払い事務を代行するしくみだ（上図参照）。

104

### 仕訳はこうなる！

**小切手を振り出すとき（当座預金が減るとき）**

例 100万円の商品を仕入れ、小切手で支払った

＝ 当座預金（資産グループ）が100万円減少し、仕入（費用グループ）が100万円発生したことになる

↓

仕訳のルールをチェック

| (借方) 費用の発生は左 | (貸方) 資産の減少は右 |
|---|---|
| 仕入　1,000,000 | 当座預金　1,000,000 |

**当座預金に入金するとき**

例 商品120万円を売り上げ、代金は小切手で受け取って当座預金に預けた

＝ 売上（収益グループ）が120万円発生し、当座預金（資産グループ）が120万円増加した

↓

仕訳のルールをチェック

| (借方) 資産の増加は左 | (貸方) 収益の発生は右 |
|---|---|
| 当座預金　1,200,000 | 売上　1,200,000 |

＊詳しい仕訳のルールについてはP40〜43へ

---

**こんな言い方もある**

小切手を発行することを「小切手を切る」「小切手を振り出す」ともいう。そのため小切手を振り出す人を、「振出人」というのだ。

**Case Study** こんなときどんな仕訳? 資産グループ

# 翌月に支払ってもらう約束で商品を売った
## ——「売掛金」に関する仕訳

## 売掛金とはこんなもの

**翌月** ← **当月**

代金6万円を相手から現金で受け取った
＝
売掛金が消滅

代金6万円を翌月受け取る約束で商品を納品
＝
売掛金が発生

### 納品と代金の回収に時差がある
商品を納めたときには、まだ代金を受け取っていない。商品を納めたときに「売掛金」が発生して、代金を受け取ると「売掛金」が消滅するのだ。

> まさかこんなにすばらしいワインが入荷されているとは思わなかった
> 来月かならず支払うからぜひ譲ってくれないか

なじみの飲み屋で支払いを「ツケておいて」という人がいる。あれは、数回の飲み代をまとめて、後日支払う約束をしているのだ。ツケを言い換えると「掛（かけ）」。商品やサービスを売って、まだ代金を受け取っていないときは「売掛金（うりかけきん）」という勘定科目になる。反対に、商品を買って支払いがまだなら「買掛金（かいかけきん）」だ。（124ページ参照）

106

## 仕訳はこうなる!

### 掛で売ったとき

**例** 商品20万円を売り、代金は翌月払いの掛とした

＝ 売上（収益グループ）が20万円発生し、売掛金（資産グループ）が20万円増加したことになる

↓

仕訳のルールをチェック

- 資産の増加は左
- 収益の発生は右

| （借方） | （貸方） |
|---|---|
| 売掛金　200,000 | 売上　200,000 |

### 翌月、代金を受け取るとき

**例** 売掛金20万円を現金で回収した

＝ 売掛金（資産グループ）が20万円減り、現金（資産グループ）が20万円増加したことになる

↓

仕訳のルールをチェック

- 資産の増加は左
- 資産の減少は右

| （借方） | （貸方） |
|---|---|
| 現金　200,000 | 売掛金　200,000 |

＊詳しい仕訳のルールについてはP40〜43へ

---

## COLUMN 「その会社、倒産してしまったよ」

売掛金の場合、取引相手が倒産してしまうと、お金が回収できなくなる可能性が高まる。

回収できない場合は、貸したお金が返ってこないことになる。これを貸倒れ（かしだおれ）という。

売掛金や手形などでの取引が多い場合は、相手が倒産する可能性も考慮して対策をとっておく必要がある。

詳しくはP152の貸倒引当金へ。

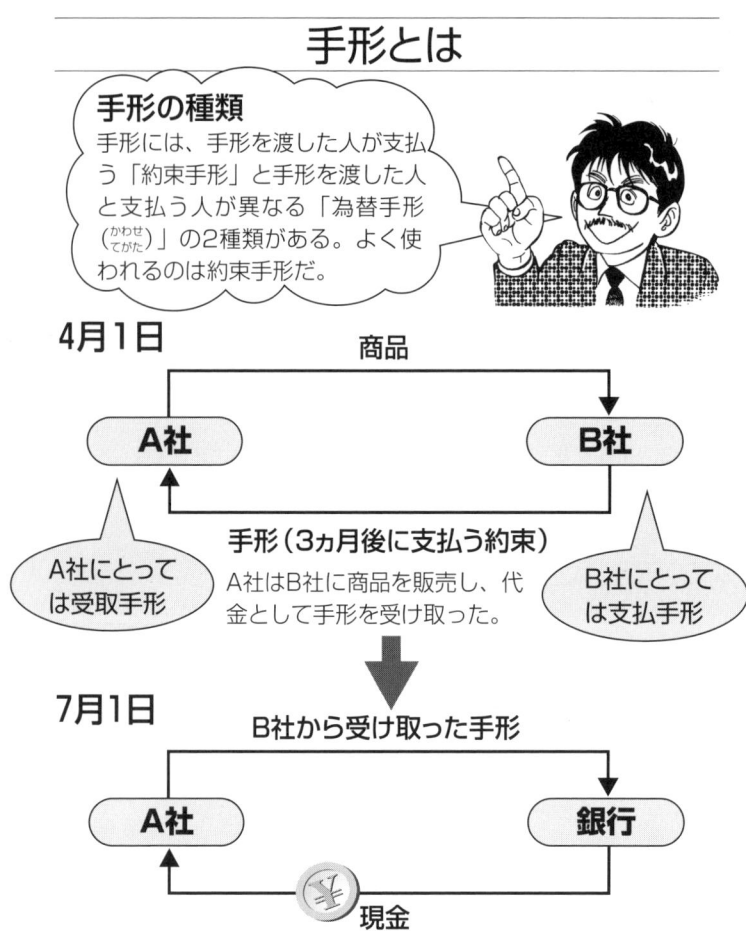

Case Study こんなときどんな仕訳? 資産グループ

# 売掛金の回収に「手形」を受け取った
## ——「受取手形」に関する仕訳①

## 手形とは

**手形の種類**
手形には、手形を渡した人が支払う「約束手形」と手形を渡した人と支払う人が異なる「為替手形（かわせてがた）」の2種類がある。よく使われるのは約束手形だ。

**4月1日**

商品
A社 → B社
手形（3ヵ月後に支払う約束）
A社はB社に商品を販売し、代金として手形を受け取った。

A社にとっては受取手形
B社にとっては支払手形

**7月1日**

B社から受け取った手形
A社 ← 銀行
現金
手形の支払期日を迎えて、A社は銀行で手形を現金化してもらった。

代金の支払いには、現金や小切手のほかに「手形（てがた）」が使われることもある。手形は、支払期日と金額が明記された証書で、小切手と同じように銀行を介してやりとりするものだ。

手形を受け取った場合は「受取手形（うけとりてがた）」という勘定科目が用いられる。一方、手形で支払った場合は「支払手形（しはらいてがた）」（126ページ参照）になる。

108

## 仕訳はこうなる！

### 手形を受け取ったとき

**例** 売掛金60万円を約束手形で回収した

= 売掛金（資産グループ）が60万円減り、受取手形（資産グループ）が60万円増加したことになる

↓

仕訳のルールをチェック

資産の増加は左　　　　　資産の減少は右

（借方）　　　　　　　　　　　　　　　　　　　　　　　　（貸方）

受取手形　600,000　｜　売掛金　600,000

### 支払期日を迎えると

**例** 手形代金60万円が、当座預金口座に入金された

= 受取手形（資産グループ）が60万円減り、当座預金（資産グループ）が60万円増加したことになる

↓

仕訳のルールをチェック

資産の増加は左　　　　　資産の減少は右

（借方）　　　　　　　　　　　　　　　　　　　　　　　　（貸方）

当座預金　600,000　｜　受取手形　600,000

＊詳しい仕訳のルールについてはP40～43へ

## COLUMN　手形も小切手も銀行へ

小切手や手形を受け取ったら、銀行へいかないと現金化できない。どちらも当座預金を介して支払いがおこなわれるからだ。支払いのしくみは共通しているが、手形には支払期日がある。

小切手は受け取り次第いつでも記載されたとおりの金額を受け取ることができる。しかし手形は記載された支払期日にならないと額面どおりの金額を受け取ることができないのだ。

Case Study こんなときどんな仕訳? 資産グループ

# 受取手形を支払期日の前に現金化した——「受取手形」に関する仕訳②

## 手形の割引

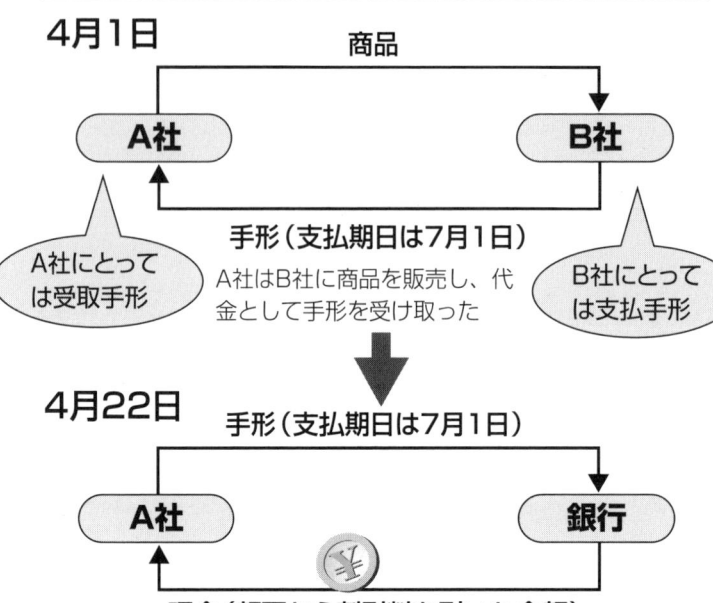

**4月1日**

A社 ——商品→ B社

手形(支払期日は7月1日)

A社はB社に商品を販売し、代金として手形を受け取った

A社にとっては受取手形

B社にとっては支払手形

**4月22日**

A社 ← 手形(支払期日は7月1日) 銀行

現金(額面から割引料を引いた金額)

A社は支払期日より前に現金が必要になり、B社から受け取った手形を銀行で割り引いた。

多少、額面より少なくても、支払期日より前に現金化できる手段が「手形の割引」なのだ

　代金として手形を受け取ったものの、支払期日より前に現金化したい場合もある。そのときは、銀行に手形を買い取ってもらえばよいのだ。これを「手形の割引(わりびき)」という。

　ただし、支払期日までの利息に相当する割引料を銀行に支払う必要がある。銀行に支払った割引料には、「手形売却損(てがたばいきゃくそん)」という勘定科目が用いられる。

110

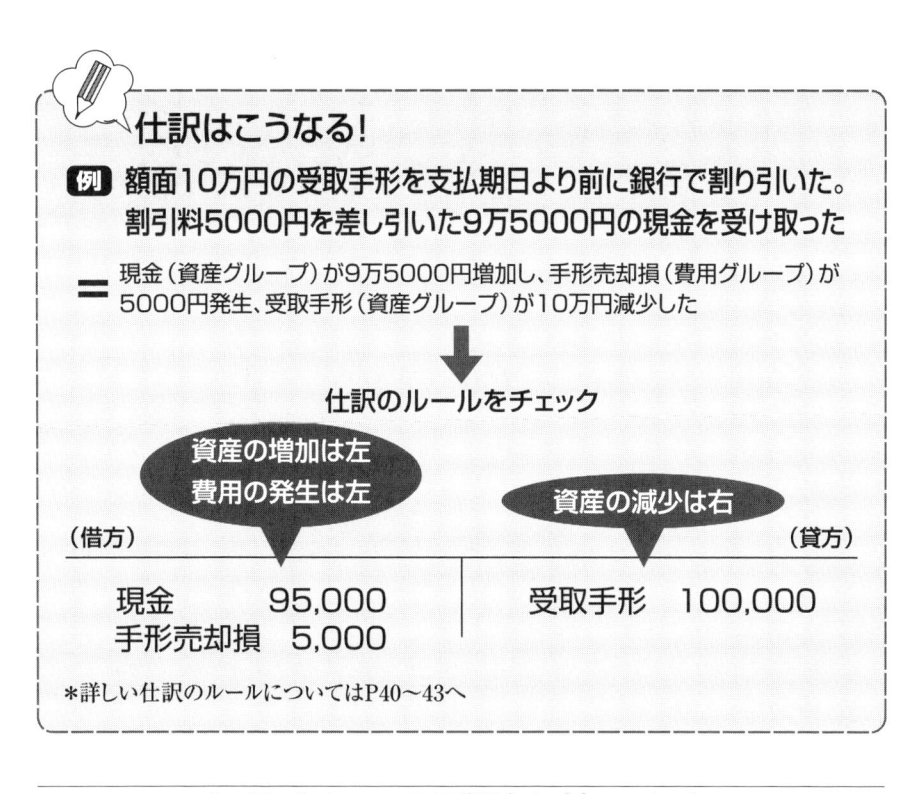

### 仕訳はこうなる!

**例** 額面10万円の受取手形を支払期日より前に銀行で割り引いた。割引料5000円を差し引いた9万5000円の現金を受け取った

＝ 現金（資産グループ）が9万5000円増加し、手形売却損（費用グループ）が5000円発生、受取手形（資産グループ）が10万円減少した

↓

仕訳のルールをチェック

　資産の増加は左
　費用の発生は左　　　　　　　　　資産の減少は右

（借方）　　　　　　　　　　　　　　　　　　　　　　（貸方）

　現金　　　　95,000　　　　　　受取手形　100,000
　手形売却損　 5,000

＊詳しい仕訳のルールについてはP40〜43へ

## もうひとつの手形の使いかた

仕入れ代金などを支払うとき、代金として別の会社から受け取った手形を使うことがある。期日に代金を受け取る権利をそのまま第三者に譲り渡すのだ。これを手形の「裏書譲渡（うらがきじょうと）」という。

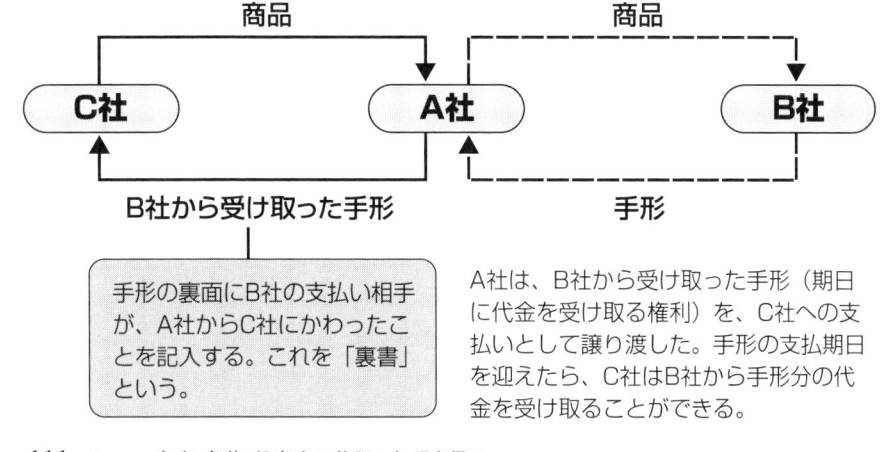

```
        商品              商品
  C社 ←―――― A社 ― ― ― B社
   ↑                    ↑
   └― B社から受け取った手形 ―┘
              手形
```

手形の裏面にB社の支払い相手が、A社からC社にかわったことを記入する。これを「裏書」という。

A社は、B社から受け取った手形（期日に代金を受け取る権利）を、C社への支払いとして譲り渡した。手形の支払期日を迎えたら、C社はB社から手形分の代金を受け取ることができる。

Case Study　こんなときどんな仕訳？　資産グループ

# 出張前にとりあえず4万円支給した
## ——「仮払金」に関する仕訳

出張前に仮払金を支給

プルルルル

### 仕訳はこうなる！

**仮払金を渡したとき**

**例** 出張する社員に現金4万円を仮払いした

＝ 現金（資産グループ）が4万円減り、仮払金（資産グループ）が4万円増加したことになる

↓

仕訳のルールをチェック

| 資産の増加は左 | 資産の減少は右 |
|---|---|
| （借方） | （貸方） |
| 仮払金　40,000 | 現金　40,000 |

＊詳しい仕訳のルールについてはP40〜43へ

社員が出張するときに、交通費や宿泊代などを大まかに見積もって、その金額の費用を出張前に渡しておくことがある。

このように科目や金額が未確定の費用が出たときには、「仮払金」という勘定科目が用いられる。

出張が終わったら精算して、旅費交通費などの正確な勘定科目に振り分けるのだ。

> 出張後に精算する

> この宿泊費
> 少し高すぎないか

## 仕訳はこうなる!

**仮払金を精算したとき**

**例** 仮払金4万円を精算(旅費交通費3万5000円)し、残額5000円を現金で受け取った

= 仮払金(資産グループ)4万円が減り、旅費交通費(費用グループ)3万5000円が発生し、現金(資産グループ)5000円が増加したことになる

↓

仕訳のルールをチェック

費用の発生は左
資産の増加は左

資産の減少は右

(借方) | (貸方)
---|---
旅費交通費　35,000 | 仮払金　40,000
現金　　　　 5,000 |

*詳しい仕訳のルールについてはP40~43へ

Case Study こんなときどんな仕訳？　資産グループ

# 社員に貸付制度で100万円融資した
## ——「貸付金」に関する仕訳

> 会社の住宅融資を利用して我が家を新築したんです

一般的に会社の融資は、銀行などの金融機関よりも低い金利で借りられる。

**貸付期間に応じてふたつに分類**
お金の返済が1年を超えるかどうかによって、短期貸付金、長期貸付金に分ける。

**短期貸付金**
返済までの期間が1年以内の貸付金

1年後　　　　貸す

**長期貸付金**
返済までの期間が1年を超える貸付金

得意先や関係会社に対してお金を貸したときには、「貸付金」という勘定科目が用いられる。社員への住宅資金融資や教育資金融資なども同様だ。

貸付金（資産グループ）の反対は「借入金」（負債グループ、122ページ参照）になる。

ちなみに、返済時に利息を受け取った場合は「受取利息」（94ページ参照）で処理される。

114

## 仕訳はこうなる!

### 貸したとき

**例** 従業員に100万円を貸し付けた

= 現金（資産グループ）が100万円減少し、貸付金（資産グループ）が100万円増加したことになる

↓

仕訳のルールをチェック

> 資産の増加は左　　資産の減少は右

| （借方） | （貸方） |
|---|---|
| 貸付金　1,000,000 | 現金　1,000,000 |

### 返済されたとき

**例** 従業員から貸付金100万円と利子2万円の支払いを受けた

= 現金（資産グループ）が102万円増加し、貸付金（資産グループ）が100万円減少、受取利息（収益グループ）が2万円発生したことになる

↓

仕訳のルールをチェック

> 資産の増加は左　　資産の減少は右／収益の発生は右

| （借方） | （貸方） |
|---|---|
| 現金　1,020,000 | 貸付金　1,000,000<br>受取利息　　20,000 |

＊詳しい仕訳のルールについてはP40〜43へ

Case Study こんなときどんな仕訳？　資産グループ

# 売買目的の株を購入した――「有価証券」に関する仕訳

## 有価証券とはこんなもの

**株式** ── **企業が資金調達のために発行する証券**
株主（株式をもっている人）になると、企業の利益に応じた配当収入がある。また、株式を売買して差額をもうけるなどのメリットもある。

**社債** ── **企業が資金調達のために発行する債券**
株式とはちがい、返済期日と金利が決まっている。社債を購入した場合は、毎年、一定の日に利息を受け取れ、返済期日に元本を受け取れる。

**公債** ── **国や地方公共団体が発行する債券**
国の場合は国債、地方公共団体の場合は地方債といい、財源を得るために発行。購入者は毎年、一定の日に利息を受け取れ、返済期日に元本を受け取れる。

### 株の売買でもうけたり、損したり
株式の価格は、いろいろな要因で刻一刻と変化している。そのため購入時より高く売れればもうかり、安く売ったら損する。簿記ではこの差額は「有価証券売却益」「有価証券売却損」という勘定科目で記録される。

　企業が発行する株式や社債、国や地方公共団体が発行する公債などを「有価証券」という。

　資金に余裕のある会社は、有価証券を活用した資金運用を考えることがある。

　たとえば、有望企業の株式を購入して配当金を受け取る、株式を売買し差額をもうける、など方法はいろいろある。

116

## 仕訳はこうなる！

### 有価証券を買ったとき

**例** X社の株式100株（1株あたり5000円）を50万円で購入し、買入手数料3万円と合わせて小切手で支払った

= 有価証券（資産グループ）が53万円増え、小切手での支払いにより当座預金（資産グループ）が53万円減った（代金50万円と買入手数料3万円の合計）

**ポイント**
有価証券の取得価額には、売買手数料なども含まれる。

#### 仕訳のルールをチェック

資産の増加は左　　　　資産の減少は右

| （借方） | （貸方） |
|---|---|
| 有価証券　530,000 | 当座預金　530,000 |

### 有価証券を売ったとき

**例** 53万円で購入した株式を60万円で売って、現金を受け取った

= 有価証券（資産グループ）が53万円減少し、有価証券売却益（収益グループ）が7万円発生。現金（資産グループ）が60万円増加した

#### 仕訳のルールをチェック

資産の増加は左　　　　資産の減少は右／収益の発生は右

| （借方） | （貸方） |
|---|---|
| 現金　600,000 | 有価証券　　　　530,000<br>有価証券売却益　70,000 |

＊詳しい仕訳のルールについてはP40〜43へ

**Case Study** こんなときどんな仕訳？　資産グループ

# 商品保管用にワインクーラーを購入した
## ——「固定資産」に関する仕訳①

## 固定資産の勘定科目

> ワインクーラーを据え付けたのこれで備品になるのよね

### 備　品
数年にわたって使用する備品。パソコンやコピー機、机やイスなど。ただし、１組あたり10万円未満のものは、資産ではなく費用として計上できる。

### 車両運搬具
社用車、運送用のトラック、フォークリフトなどの運搬車両のこと。

### 目にみえない固定資産
固定資産は建物や備品のように目にみえるものだけではない。権利のように目にみえないものもある。目にみえるものを有形固定資産、目にみえないものを無形固定資産という。

#### 営業権
「のれん」ともいう。会社のブランド力や販売力、従業員の能力などが優れていることで生まれる利益獲得力。

#### 特許権
特許法に基づいて、自社の発明を20年間独占して利用できる権利。

販売することが目的ではなく、１年以上の長期にわたって利用する資産のことを固定資産という。

固定資産を購入したときは、その内容によって「建物」「備品」「土地」などの勘定科目が用いられる。

車や建物、パソコンや机のように形があって目にみえる資産はとくに有形固定資産（ゆうけいこていしさん）という。

## 建物

事務所や工場、店舗、倉庫、社宅などを「建物」といい、広告塔や塀など土地に定着した建物以外の建造物は「構築物」という。

## 土地

事務所や工場、店舗などの敷地や駐車場、会社が保有している土地。

### 手数料や発送料は込みで計算

固定資産の取得価額には、購入するときにかかった手数料や、据え付けにかかった費用なども含まれる。

---

### 仕訳はこうなる!

**例** ワインクーラー70万円を購入し、小切手で支払った

＝ 当座預金（資産グループ）が70万円減少し、備品（資産グループ）が70万円増えたことになる

↓

**仕訳のルールをチェック**

資産の増加は左　　　　資産の減少は右

| （借方） | （貸方） |
|---|---|
| 備品　700,000 | 当座預金　700,000 |

＊詳しい仕訳のルールについてはP40〜43へ

# 使わなくなった営業車を売った —— 「固定資産」に関する仕訳②

**Case Study** こんなときどんな仕訳？　資産グループ

## 使うほどに価値が下がる

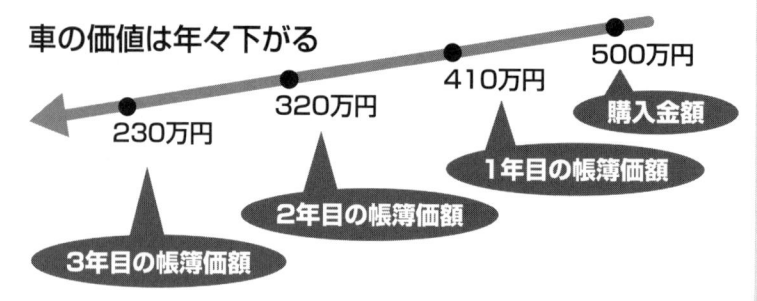

車の価値は年々下がる

- 500万円　購入金額
- 410万円　1年目の帳簿価額
- 320万円　2年目の帳簿価額
- 230万円　3年目の帳簿価額

購入したばかりの車も、数年乗っているうちに下取り価格が安くなっていく。一般的に、固定資産は価値が下がっていくものなのだ。資産価値が下がった分、帳簿（ノート）上の価額も下げる必要がある。そのため毎年、決算時に減価償却（げんかしょうきゃく）という方法で帳簿価額を下げる（減価償却についてはP150参照）。

## 固定資産を売ったら差額をチェック

売れた値段と帳簿価額の差額が「もうけ」や「損」になる。

例　帳簿価額　100万円

### 100万円以上で売れた
帳簿価額より高く売れた場合はもうけになる。帳簿価額との差額は「固定資産売却益」という勘定科目で処理される。

### 100万円以下で売った
帳簿価額より安く売った場合は損になる。帳簿価額との差額は「固定資産売却損」という勘定科目で処理される。

使わなくなった固定資産を売却することもある。そのときは、購入したときと逆の仕訳をすればよい。

ただし、固定資産は使っているうちに、少しずつ消耗してしまうものが多い。消耗した分だけ、徐々に資産価値も下がっていく。買ったときより売るときの値段が下がるのは自然なこと。差額も忘れずに仕訳する。

## 仕訳はこうなる!

### 帳簿価額より安く売ったとき

**例** 帳簿価額120万円の車を売却して、現金100万円を受け取った

＝ 車両運搬具（資産グループ）が120万円なくなり、現金（資産グループ）が100万円増えた。そのため、固定資産売却損（費用グループ）が20万円発生したことになる

↓

仕訳のルールをチェック

資産の増加は左
費用の発生は左

資産の減少は右

| (借方) | | (貸方) | |
|---|---|---|---|
| 現金 | 1,000,000 | 車両運搬具 | 1,200,000 |
| 固定資産売却損 | 200,000 | | |

### 帳簿価額より高く売れたとき

**例** 帳簿価額120万円の車を売却して、現金130万円を受け取った

＝ 車両運搬具（資産グループ）が120万円減少し、現金（資産グループ）が130万円増えた。そのため、固定資産売却益（収益グループ）が10万円発生したことになる

↓

仕訳のルールをチェック

資産の減少は右
収益の発生は右

資産の増加は左

| (借方) | | (貸方) | |
|---|---|---|---|
| 現金 | 1,300,000 | 車両運搬具 | 1,200,000 |
| | | 固定資産売却益 | 100,000 |

＊詳しい仕訳のルールについてはP40〜43へ

# 銀行から資金の融資を受けた

## ――「借入金」に関する仕訳

**Case Study** こんなときどんな仕訳? 負債グループ

## 1年以内に返すものは短期借入金

**短期借入金**
返済までの期間が1年以内の借入金

1年後

**長期借入金**
返済までの期間が1年を超える借入金

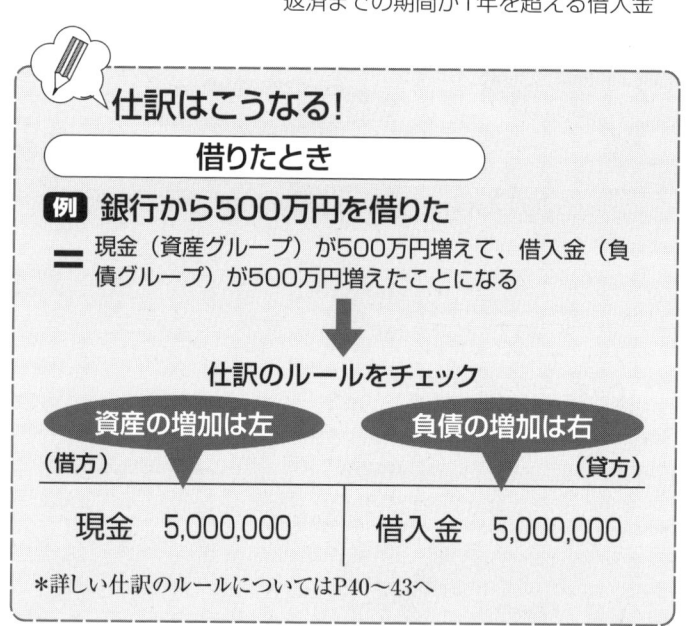

### 仕訳はこうなる!

**借りたとき**

**例** 銀行から500万円を借りた

＝ 現金（資産グループ）が500万円増えて、借入金（負債グループ）が500万円増えたことになる

↓

仕訳のルールをチェック

| 資産の増加は左 | 負債の増加は右 |
|---|---|
| （借方） | （貸方） |
| 現金　5,000,000 | 借入金　5,000,000 |

＊詳しい仕訳のルールについてはP40〜43へ

借用証書などの証拠を作成して、銀行などの金融機関や取引関係の会社からお金を借りた場合は、「借入金」という勘定科目が用いられる（逆に、貸したときの勘定科目は114ページの「貸付金」だ）。

お金を返済するときは、一般的に利子をつけて返す。支払った利子は「支払利息」という勘定科目で処理される。

### 仕訳はこうなる！

**返したとき**

例 銀行から借りていた500万円と利息10万円が普通預金から引き落とされた

＝ 普通預金（資産グループ）が510万円減って、借入金（負債グループ）が500万円減り、支払利息（費用グループ）が10万円発生したことになる

↓

仕訳のルールをチェック

> 負債の減少は左
> 費用の発生は左

> 資産の減少は右

（借方）　　　　　　　　　　　　　　　　　　　　　　　　　　（貸方）

　借入金　　5,000,000　　　　普通預金　　5,100,000
　支払利息　　100,000

＊詳しい仕訳のルールについてはP40～43へ

---

**借金は悪いこととはかぎらない**

融資を受ければ、元手があまりなくても、新しく事業をはじめたり、店舗を開くことができる。お金を借りている間に、ビジネスを軌道にのせたり、会社を大きくしてもうけを出して返済できればよいのだ。

Case Study こんなときどんな仕訳？ 負債グループ

# 商品を翌月払いで購入した —— 「買掛金」に関する仕訳

## 買掛金とはこんなもの

**翌月** ← **当月**

翌月：商品代金30万円を取引先に支払う
＝ **買掛金が消滅**

当月：翌月払いの約束で商品30万円を購入する
＝ **買掛金が発生**

### 仕入れと支払いに時差がある

仕入れた時点では、まだ代金を支払っていない。仕入れ商品を受け取ったときに「買掛金」が発生して、代金を支払うと「買掛金」がなくなる。

### 「何を買ったか」がポイント

あと払いで購入したモノが、事務用のパソコンや書類棚など、直接営業に関わらないモノの場合は「未払金」（P128参照）という勘定科目が用いられる。

商品のワインなら「買掛金」

備品のパソコンなら「未払金」

　商品の購入代金や、受けたサービスの代金をツケ、言い換えることを「掛(かけ)」という（106ページ参照）。商品を買ったものの支払いが済んでいない取引を仕訳するときは「買掛金(かいかけきん)」という勘定科目が用いられる。

　このように買掛金で仕入れをすることを「掛買い」「掛仕入れ」という。

124

## COLUMN 現金がなくても信用があれば取引できる

飲み屋でツケがきくのは、常連で、なおかつ支払いがきっちりとしている人だけだろう。お店にとっては、ツケをためたまま逃げられては、代金を回収できなくなってしまう。

会社同士の取引も同様で、しっかり代金を支払ってくれると信じられる相手だからこそ掛取引ができる。手元に現金がなくても信用があれば取引ができるということなのだ。

### 仕訳はこうなる!

**掛で買ったとき**

**例** 商品40万円を仕入れ、支払いは翌月払いの掛にした

= 仕入（費用グループ）が40万円発生し、買掛金（負債グループ）が40万円増加したことになる

↓

仕訳のルールをチェック

- 費用の発生は左
- 負債の増加は右

（借方） | （貸方）
仕入　400,000 | 買掛金　400,000

**翌月、代金を支払うとき**

**例** 買掛金40万円を小切手で支払った

= 買掛金が40万円減少し、当座預金（資産グループ）が40万円減少したことになる

↓

仕訳のルールをチェック

- 負債の減少は左
- 資産の減少は右

（借方） | （貸方）
買掛金　400,000 | 当座預金　400,000

＊詳しい仕訳のルールについてはP40〜43へ

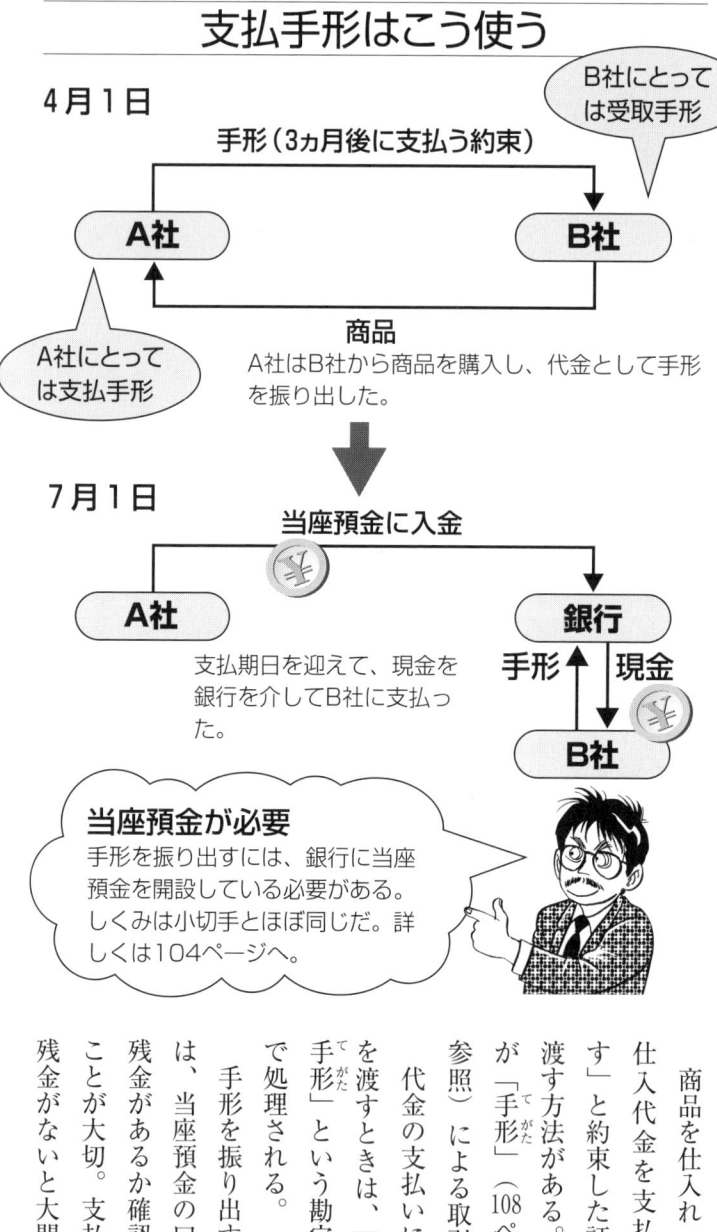

Case Study こんなときどんな仕訳？　負債グループ

# 商品を仕入れ、「手形」を振り出した——「支払手形」に関する仕訳

## 支払手形はこう使う

**4月1日**

手形（3ヵ月後に支払う約束）

A社 → B社

B社にとっては受取手形
A社にとっては支払手形

商品
A社はB社から商品を購入し、代金として手形を振り出した。

**7月1日**

当座預金に入金

A社　　銀行　　B社
手形↑　↓現金

支払期日を迎えて、現金を銀行を介してB社に支払った。

**当座預金が必要**
手形を振り出すには、銀行に当座預金を開設している必要がある。しくみは小切手とほぼ同じだ。詳しくは104ページへ。

商品を仕入れ「来月、仕入代金を支払います」と約束した証券を渡す方法がある。これが「手形（てがた）」（108ページ参照）による取引だ。

代金の支払いに手形を渡すときは、「支払手形（てがた）」という勘定科目で処理される。

手形を振り出すときは、当座預金の口座に残金があるか確認することが大切。支払日に残金がないと大問題だ。

126

## 仕訳はこうなる！

### 手形を振り出したとき

**例** 商品10万円を仕入れ、支払いは手形を振り出した

＝ 仕入（費用グループ）が10万円発生して、支払手形（負債グループ）が10万円増加したことになる

↓

**仕訳のルールをチェック**

- 費用の発生は左
- 負債の増加は右

| （借方） | （貸方） |
|---|---|
| 仕入　100,000 | 支払手形　100,000 |

### 期日に支払いをしたとき

**例** 手形の支払期日になり、当座預金から10万円が引き落とされた

＝ 支払手形（負債グループ）が10万円減って、当座預金（資産グループ）が10万円減少したことになる

↓

**仕訳のルールをチェック**

- 負債の減少は左
- 資産の減少は右

| （借方） | （貸方） |
|---|---|
| 支払手形　100,000 | 当座預金　100,000 |

＊詳しい仕訳のルールについてはP40〜43へ

---

## COLUMN 「勘定合って銭足らず」

「掛取引」（ツケのこと。P106参照）や手形取引をよくおこなう会社は、取引の発生と実際に現金が動くときに時差がある。商品の仕入れから代金の支払いまでの時間のズレ、売り上げから代金を受け取るまでの時間のズレが生じるのだ。

このズレをきちんと把握しないと、「帳簿上はもうけているのに手もとに現金がない」状態になってしまう。

**Case Study** こんなときどんな仕訳？　負債グループ

# 応接セットを翌月払いで購入した──「未払金」に関する仕訳

## 未払金と買掛金のちがい

| 支払方法 | 購入対象 | |
|---|---|---|
| 購入したものを受け取ってから、後日支払いをする | 商品や製品以外のもの<br>＝<br>営業活動に直接関わらない | 未払金 |
| 購入したものを受け取ってから、後日支払いをする | 商品や製品<br>＝<br>営業活動に直接関わる | 買掛金（かいかけきん） |

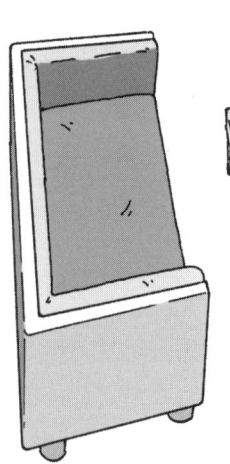

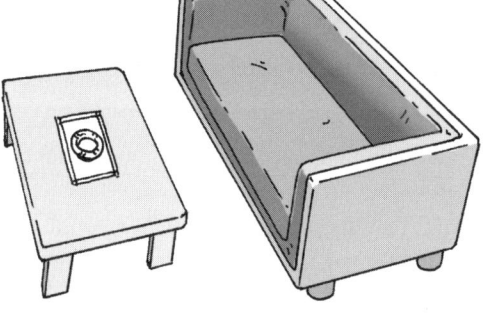

● 応接セット

ほかにも営業用の車や書類整理に使う棚など、営業活動に直接関わらないものを、あと払いで購入したときに「未払金」が用いられる。

あと払いでモノを購入することは少なくない。なかでも商品以外のモノ（固定資産や有価証券など）を購入して、まだ代金を支払っていない取引には「未払金（みばらいきん）」という勘定科目が用いられる。

一方、商品以外の固定資産などを売却して、まだ受け取っていない代金には「未収金（みしゅうきん）」という勘定科目が用いられる。

128

## 仕訳はこうなる！

### あと払いで買ったとき

**例** 応接セットを30万円で購入し、代金は翌月払いにしてもらった

＝ 備品（資産グループ）が30万円増加し、未払金（負債グループ）が30万円増加したことになる

↓

**仕訳のルールをチェック**

資産の増加は左 ／ 負債の増加は右

| （借方） | （貸方） |
|---|---|
| 備品　300,000 | 未払金　300,000 |

### 翌月、未払金を支払うとき

**例** 未払金30万円を小切手で支払った

＝ 当座預金（資産グループ）が30万円減少し、未払金（負債グループ）が30万円減少したことになる

↓

**仕訳のルールをチェック**

負債の減少は左 ／ 資産の減少は右

| （借方） | （貸方） |
|---|---|
| 未払金　300,000 | 当座預金　300,000 |

＊詳しい仕訳のルールについてはP40〜43へ

---

## COLUMN　紛らわしい勘定科目を整理する

「買掛金」と「未払金」が混同しやすいのと同様に、「未収金」と「売掛金」（P106参照）も混同しやすいので、注意したい。

どちらも品物を販売して代金はあとで支払ってもらう点では共通している。ただし、「売掛金」は商品を販売したときに用いる勘定科目で、「未収金」は商品以外のものを売ったときに用いる勘定科目だ。

**Case Study** こんなときどんな仕訳? 負債グループ

# 給料から税金や保険料を天引きした
## ——「預り金」に関する仕訳

> 勝手にフトコロに入れたわけではなく一時的に預かっているだけなのよ

### 「預り金」は負債グループ

給料から天引きされるお金は、会社のお金になるわけではなく、会社が社員のかわりに納税するものだ。そのため、会社にとって「預り金」は資産ではなく、負債グループの勘定科目になる。

- 税金などの分は会社が預かる → 会社が従業員にかわって納付
- 従業員に支払う給料
- これを預り金という

会社は、社員が負担する住民税や所得税などを給料から天引きしてまとめて払っている。この税金分は会社が社員にかわって納税するために、社員から預かっているお金ということになるのだ。

会社が一時的に現金を預かっているときは、「預り金」という勘定科目で処理される。税金を支払ったら、預り金も消滅させる。

130

### 送り仮名がつく勘定科目

勘定科目には基本的に送り仮名はつかない（P46参照）。ところが「預り金」には送り仮名「り」が必要だ。省略してしまうと、「預金（よきん）」と区別がつかなくなってしまうからだ。

## 仕訳はこうなる!

### 税金を預かったとき

**例** 従業員に支払う給料80万円から所得税8万円を引いて、残りを普通預金から振り込んだ

= 給料（費用グループ）が80万円発生して、普通預金（資産グループ）が72万円減ったことになる。また、預り金（負債グループ）が8万円増加した

↓ 仕訳のルールをチェック

費用の発生は左／資産の減少は右　負債の増加は右

| （借方） | | （貸方） | |
|---|---|---|---|
| 給料 | 800,000 | 普通預金 | 720,000 |
| | | 預り金 | 80,000 |

### 税金を支払ったとき

**例** 従業員の所得税（預り金）8万円を現金で納めた

= 現金（資産グループ）が8万円減り、預り金（負債グループ）が8万円減少したことになる

↓ 仕訳のルールをチェック

負債の減少は左／資産の減少は右

| （借方） | | （貸方） | |
|---|---|---|---|
| 預り金 | 80,000 | 現金 | 80,000 |

＊詳しい仕訳のルールについてはP40〜43へ

## Case Study こんなときどんな仕訳？ 純資産グループ

# 会社を設立。資本金1000万円を普通預金に入れた ──「資本金」に関する仕訳

## 資本を3つのグループに分ける

●**資本金** 株主から出資してもらった金額のうち、会社法に従って資本金としたもの。

　勘定科目
　└─「資本金」

●**資本剰余金** 株主から出資してもらった金額のうち、資本金に組み入れなかったもの。

　勘定科目
　└─「資本準備金」

●**利益剰余金** 会社の活動によって生まれた利益。

　勘定科目
　├─「利益準備金」会社法に従って積み立てるもの
　├─「任意積立金」会社が任意で積み立てるもの
　└─「繰越利益剰余金」処分が決まっていない利益

　株式会社では、出資者（株主）と経営者はかならずしも同じではない。とくに会社の規模が大きくなり、資本金の額が大きくなればなるほど株主と経営者は別々のことが多い。

　資本は上のように大きく3つのグループに分かれる。どの勘定科目でも増えたら右（貸方）、減ったら左（借方）に仕訳すると覚えておけばいい。

132

## 仕訳はこうなる!

**例** 会社を設立して、資本金1000万円を普通預金に入れた

= 資本金（純資産グループ）が1000万円うまれ、普通預金（資産グループ）が1000万円増加したことになる

↓

仕訳のルールをチェック

　　　　資産の増加は左　　　　　　　純資産の増加は右

（借方）　　　　　　　　　　　　　　　　　　　　　　　（貸方）

普通預金　10,000,000　｜　資本金　10,000,000

＊詳しい仕訳のルールについてはP40〜43へ

---

「落ち着いていていい店ですね　おひとりでやっているのですか」

「半年ほど前に開いた店なんです」

### 個人経営なら「出資者＝経営者」

個人企業では、運営資金を出した人と経営者がイコールだ。そのため資本金の構成も増減のときの仕訳も単純。一般的に、個人企業の資本金が増減したときには「元入金」という勘定科目が用いられる。

**Case Study** 経理がわかるポイント

# 資産、負債、純資産の主な勘定科目

会社の財産をあらわす資産グループ、負債グループ、純資産グループの主な勘定科目を挙げた。プラスとなる財産でもマイナスとなる借金でも、よく使うものは知っておきたい。

## 資産グループ

**流動資産**
- 現金 —— 通貨や受け取った小切手などのこと
- 預金 —— 普通預金、当座預金、定期預金などの銀行預金や郵便貯金など
- 小口現金 —— 小額の経費を支払うための現金
- 受取手形 —— 商品や製品の代金として受け取った手形
- 売掛金 —— 後日受け取る約束をした商品や製品の代金
- 貸倒引当金 —— 売掛金や貸付金などのうち、回収不能になると見積もった金額。マイナスの資産
- 有価証券 —— 他社の株式や社債、国債、地方債など
- 商品 —— 会社が販売目的で所有している物品
- 製品 —— 会社が販売目的で製造した物品
- 短期貸付金 —— 1年以内に返済される予定の貸したお金
- 立替金 —— 取引先や社員の支払いを立て替えたお金
- 仮払金 —— 目的や金額が不確定なため、一時的に支払っておくお金
- 未収金 —— 営業取引以外の取引でうまれた債権
- 前払金 —— 商品を仕入れる前に支払った内金や手付金
- 前払費用 —— 次期以降の経費を当期に前払いした分のお金

**固定資産**
- 建物 —— 事務所や店舗、倉庫、工場など
- 備品 —— 机やパソコン、コピー機など
- 車両運搬具 —— 社用車、トラックやフォークリフトなど
- 土地 —— 事務所などの敷地や駐車場など

長期貸付金 ……………………… 返済まで1年以上ある貸したお金

## 負債グループ

**流動負債**
- 支払手形 ……………………… 商品や製品の代金として渡した手形
- 買掛金 ………………………… 後日支払う約束をした商品や製品の代金
- 短期借入金 …………………… 1年以内に返す予定の借りたお金
- 未払金 ………………………… 営業取引外のものをあと払いで購入した代金
- 前受金 ………………………… 商品を納める前に受け取った内金や手付金
- 仮受金 ………………………… 正しい勘定科目や金額が不明確な一時的に受け取ったお金
- 預り金 ………………………… 社員の給料から天引きして預かった税金など

**固定負債**
- 長期借入金 …………………… 返済まで1年以上ある借りたお金

## 純資産グループ

**資本**
- 資本金 ………………………… 株主から出資してもらった金額
- 資本準備金 …………………… 株主から出資してもらった金額のうち、資本金に組み込まなかったお金
- 利益準備金 …………………… 利益の一部を法律に沿って積み立てたお金
- 任意積立金 …………………… 利益の一部を会社が自由に積み立てたお金
- 繰越利益剰余金 ……………… まだ処分の決まっていない利益

## もっと知りたい

## キーパーソンは"一万円札の福沢諭吉"

### 新しくつくられた簿記用語

| 現在の用語 | 福沢訳 | 原文 |
|---|---|---|
| 簿記 | 帳合(ちょうあい) | Book-keeping |
| 複式 | 本式(ほんしき)（複式） | Double Entry |
| 貸借対照表 | 平均法(へいきんのほう) | Balance Sheet |

「借方」「貸方」は左、右、で覚えると簡単だけれど本当は意味があったんですね

日本に西洋式の複式簿記が紹介されたのは、明治の文明開化と同じ時代だという。

とくに一万円札でおなじみの福沢諭吉の翻訳本『帳合之法(ちょうあいのほう)』によって広められた。翻訳した本はアメリカの商業高校の簿記の教科書だった。

福沢諭吉の翻訳によって、「借方」「貸方」をはじめ、多くの新しい簿記の言葉がうみ出されたのだ。

136

# Part 5

# これで決算書がよくわかる

簿記をもとに、どのようにして"決算書"をつくるのか流れを知ろう。また、決算書の読み方や簡単な分析方法をマスターすれば、ビジネスの強力な武器になる。

すぐにでも決算書の読み方を知りたい人
→P160へ。

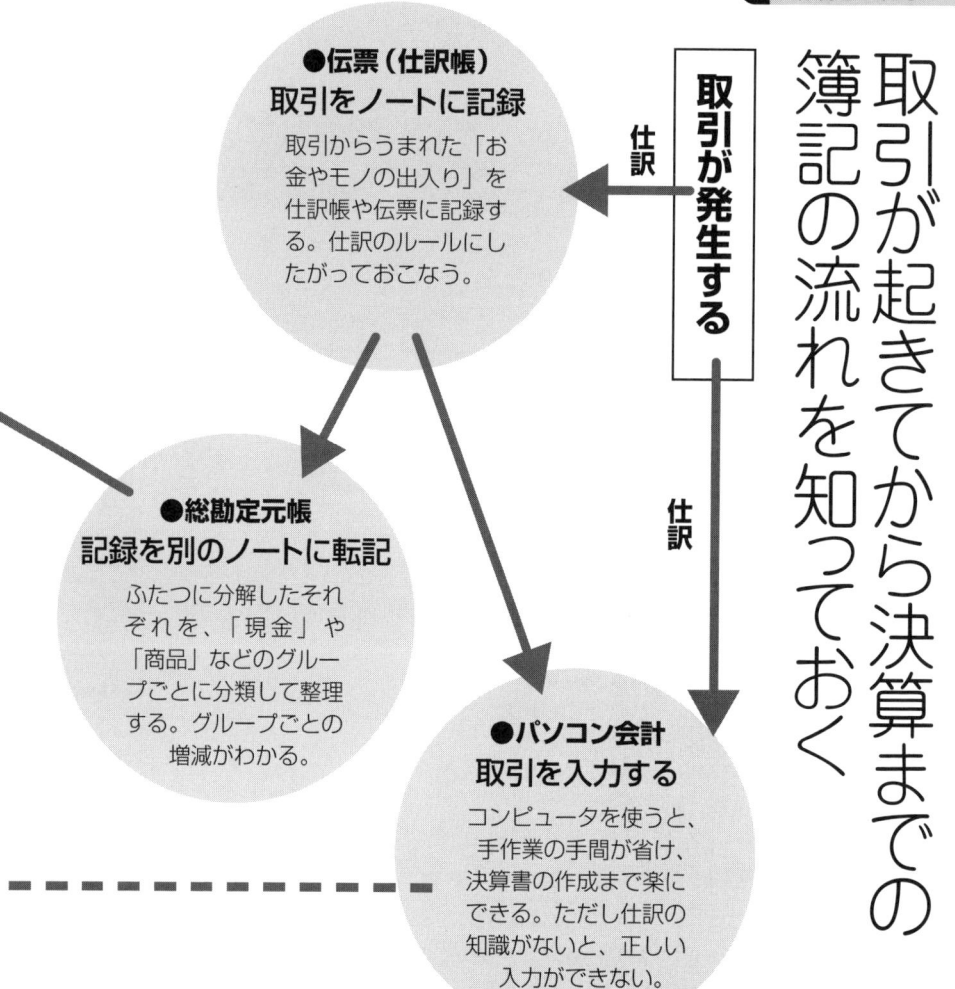

## 取引が起きてから決算までの簿記の流れを知っておく

**取引が発生する**

↓ 仕訳

**●伝票（仕訳帳）**
**取引をノートに記録**
取引からうまれた「お金やモノの出入り」を仕訳帳や伝票に記録する。仕訳のルールにしたがっておこなう。

**●総勘定元帳**
**記録を別のノートに転記**
ふたつに分解したそれぞれを、「現金」や「商品」などのグループごとに分類して整理する。グループごとの増減がわかる。

↓ 仕訳

**●パソコン会計**
**取引を入力する**
コンピュータを使うと、手作業の手間が省け、決算書の作成まで楽にできる。ただし仕訳の知識がないと、正しい入力ができない。

---

商品の仕入れ、販売、売り上げの入金など、会社でおこるさまざまな取引は、上のような手順でまとめられ、決算書がつくられる。

最近はパソコンを使うことによって仕訳から簡単に決算書ができるが、決算書をつくる過程は知っておきたい。決算整理でおこなう売上原価や減価償却のしくみは、ビジネスマンには大切だ。

決算書をつくるまで

## ●試算表
### ミスがないかチェック

グループごとの合計額を一覧表にする。その時点での利益をざっと把握できる。いままでの計算ミスもチェックできる。

## ●決算整理
### 決算に向けた修正作業

決算時に、まとめていくつかの仕訳をおこなうこと。試算表をより正確な決算書にするための最終的な作業。

## ●精算表
### ゴール手前のまとめ

試算表に決算整理を加えた一覧表をつくる。損益計算書と貸借対照表といった決算書をつくるための基礎資料になる。

## ●決算書

精算表をもとに損益計算書と貸借対照表をつくる。これらの決算書から、会社の利益と財産がわかる。

取引を入力すると総勘定元帳、試算表が作成でき、決算整理（上記参照）をすることで精算表、決算書が楽に作成できる。

---

どのように記録され決算書にまとめられていくか

おおまかでいいから簿記全体の流れを把握しておくといい

# 伝票やパソコンで日々の取引を仕訳する

仕訳帳・伝票・パソコン会計

## "「仕訳帳」に記録"は昔の話

### 仕 訳 帳

| 平成●年 | | 摘　　要 | 元丁 | 借　方 | 貸　方 |
|---|---|---|---|---|---|
| 4 | 2 | （消耗品費） | | 4,000 | |
| | | 　　　　（現　金） | | | 4,000 |
| | | コピー用紙を購入 | | | |
| 4 | 3 | （仕　入） | | 200,000 | |
| | | 　　　　（買掛金） | | | 200,000 |
| | | B社からワインを仕入れる | | | |
| 4 | 6 | （現　金）　　諸　口 | | 50,000 | |
| | | （売掛金） | | 100,000 | |
| | | 　　　　（売　上） | | | 150,000 |
| | | C社へワインを売り上げる | | | |

取引がうまれたら、まず仕訳をして「仕訳帳」というノートに記入する（上記参照）。

しかし、仕訳帳を使う会社は、いまはほとんどない。多くの企業が伝票やパソコンを使って仕訳を記録している。

会社でのいろいろな活動にあわせて、日々お金やモノは出入りしている。決算書をつくるにはまず、こうした動きを取引ごとに仕訳（40ページ参照）し、記録していく。

もともと「仕訳帳（しわけちょう）」というノートに記入していたが、いまは伝票やパソコンを使うことがほとんどだ。そのため、いまではよりも効率的で正確になった。

140

## 「伝票会計」は簡単で効率的

### 伝票を使うメリット
- ●手分けしてできる　●修正が簡単　●並べ替えができる

#### よく使われる3つの伝票

**出金伝票**
現金が出ていく取引に使う青色の伝票。金額と何に使ったか（勘定科目と内容）を記入する。

**入金伝票**
現金が入ってくる取引に使う赤色の伝票。金額と理由（勘定科目と内容）を記入する。

**振替伝票**
現金以外の取引に使う青色か黒色の伝票。金額、借方と貸方の勘定科目、内容を記入する。

（出金伝票の書き方）

例　○○郵便局で官製ハガキ60枚を3000円で購入し、代金は現金で支払った

借方（左）の勘定科目を記入

| 科目 | 摘要 | 金額 |
|---|---|---|
| 通信費 | ハガキ60枚 | 3,000 |
|  |  |  |
| 合　　計 |  | 3,000 |

出金伝票 No.00　平成○○年　○月　○日　支払先　○○郵便局殿

支払先を記入
取引の内容を記入

## 「パソコン会計」なら取引を入力するだけ

レシートや領収書は捨てないようにしよう。

仕訳帳や伝票に仕訳を記入するかわりに、パソコンに入力する。仕訳の入力さえまちがえなければ、計算ミスはおきない。ただし、いざというときに備え、領収書や請求書はしっかり管理を。

## 総勘定元帳

### 日々の記録をノートに写して整理する

## 集まった取引をひとつに整理する

**伝　票**(P141参照)

| 出金伝票 No.00 | | | |
|---|---|---|---|
| 平成○○年　○月　○日　支払先　○○郵便局殿 | | | |
| 科　目 | 摘　要 | | 金　額 |
| | | | |
| | | | |
| | 合　計 | | |

**仕訳帳**(P140参照)

| 平成●年 | | 摘　要 | 元丁 | 借　方 | 貸　方 |
|---|---|---|---|---|---|
| 4 | 2 | （消耗品費） | | 4,000 | |
| | | 　　　　（現　金） | | | 4,000 |
| | | コピー用紙を購入 | | | |
| 4 | 3 | （仕　入） | | 200,000 | |
| | | 　　　　（買掛金） | | | 200,000 |
| | | B社からワインを仕入れる | | | |
| 4 | 6 | （現　金）　　諸　口 | | 50,000 | |
| | | （売掛金） | | 100,000 | |
| | | 　　　　（売　上） | | | 150,000 |
| | | C社へワインを売り上げる | | | |

書き写す　　書き写す

### 総勘定元帳

> **書き写しや計算のミスは「試算表」でチェック**
> 手作業の場合、まちがえて書き写す可能性もある。転記や計算にミスがあると、このあとにつくる「試算表」の借方合計と貸方合計が一致しなくなる（→P145へ）。

仕訳帳や伝票に記入されたたくさんの仕訳は、つぎに、グループ（勘定科目）ごとに分けて「勘定元帳」というノートに書き写される（転記という）。

各グループのノートをまとめたノートのことを「総勘定元帳」という。

パソコンの場合は、仕訳を入力すれば、自動的に総勘定元帳がつくられる。

142

# 取引をグループごとにまとめる

## 総勘定元帳（残高式）

### 現　金

| 平成○年 | | 摘　要 | 仕丁 | 借　方 | 貸　方 | 借または貸 | 金　額 |
|---|---|---|---|---|---|---|---|
| ○ | ○ | （売掛金）××商会 | 3 | 120,000 | | 借 | 120,000 |
| ○ | ○ | （仕入）○○商事 | 3 | | 50,000 | 借 | 70,000 |
| ○ | ○ | （売上）□□酒店 | 3 | 35,000 | | 借 | 105,000 |

### 仕　入

| | | | | | | | |
|---|---|---|---|---|---|---|---|
| ○ | ○ | （現金）○○商事 | 3 | 50,000 | | 借 | 50,000 |
| ○ | ○ | （買掛金）△△飲料 | 4 | 180,000 | | 借 | 230,000 |

### 売　上

| | | | | | | | |
|---|---|---|---|---|---|---|---|
| ○ | ○ | （現金）□□酒店 | 3 | | 35,000 | 貸 | 35,000 |
| ○ | ○ | （売掛金）××商会 | 4 | | 200,000 | 貸 | 235,000 |

**グループごとの増減がわかる**
総勘定元帳でグループごとにみれば、それぞれがどのように増えたり減ったりしているかがわかる。

**グループごとの残高がわかる**
それぞれのグループの最後の金額欄をみれば、グループごとの残高がひと目でチェックできる。

**増減の理由がわかる**
摘要欄をみていけば、それぞれのグループがどうして増減したか、理由がわかる。

# 試算表

## 一覧表にまとめることでこまめに利益がチェックできる

総勘定元帳にまとめられた各勘定科目の合計や残高は「試算表」という一覧表にまとめられる。試算表では、仕訳帳や伝票から総勘定元帳へ正しく転記できたか確認できる。パソコン会計であれば計算ミスはおこらない。利益の確認が主な目的だ。

決算時だけでなく、毎日、毎週、毎月試算表をつくる会社もある。

### 総勘定元帳（P143参照）

**現　金**

| 平成○年 | | 摘要 | 仕丁 | 借方 | 貸方 | 借または貸 | 金額 |
|---|---|---|---|---|---|---|---|
| ○ | ○ | （売掛金）××商会 | 3 | 120,000 | | 借 | 120,000 |
| ○ | ○ | （仕入）○○商事 | 3 | | 50,000 | 借 | 70,000 |
| ○ | ○ | （売上）□□酒店 | 3 | 35,000 | | 借 | 105,000 |

**仕　入**

| ○ | ○ | （現金）○○商事 | 3 | 50,000 | | 借 | 50,000 |
| ○ | ○ | （買掛金）△△飲料 | 4 | 180,000 | | 借 | 230,000 |

**売　上**

| ○ | ○ | （現金）□□酒店 | 3 | | 35,000 | 貸 | 35,000 |
| ○ | ○ | （売掛金）××商会 | 4 | | 200,000 | 貸 | 235,000 |

### 各グループをまとめる

現金グループ、仕入グループ、売上グループなどすべてのグループそれぞれの借方合計と貸方合計を一覧表にする。

## 試算表のふたつの役割

### ●モレやミスをチェック

仕訳帳や伝票から、総勘定元帳へまちがいなく転記されたかチェックできる（貸借が一致する。左ページ参照）。

### ●利益のチェック

会社の財産やもうけなどのおおまかな業績がわかる。毎月試算表をつくって（月次試算表という）経営状況を把握、管理することもできる。

144

## 残高試算表
平成○年○月○日

| 借方 | 元丁 | 勘定科目 | 貸方 |
|---|---|---|---|
| ○○○ | 1 | 現　金 | |
| ○○○ | 2 | 当座預金 | |
| ○○○ | 3 | 売掛金 | |
| ○○○ | 4 | 商　品 | |
| ○○○ | 5 | 備　品 | |
| | 6 | 買掛金 | ○○○ |
| | 7 | 借入金 | ○○○ |
| | | （以下省略） | |

### 試算表は3種類ある
試算表は、残高試算表、合計試算表、合計残高試算表の3通りある。どれをつくるかはそれぞれの会社の自由だ。

### 借方と貸方の合計は一致する
試算表に一覧された各グループの借方（左）、貸方（右）をそれぞれ集計すると、かならず同じ金額になる。もしも一致しなければ、仕訳帳や伝票から総勘定元帳へ転記したときに書きまちがえたり、計算ミスをしていると考えられる。

パソコンを導入する前は試算表の借方、貸方合計が一致しないと総勘定元帳をいちからチェックしなおさなくてはならなかった

決算整理

# 決算に向けていくつかの整理・修正をおこなう

**在庫を数えるのも決算整理のひとつ**
帳簿の記録に頼るだけでなく、実際に在庫がどれだけあるか数えることが大切だ。記入モレがあったり、仕入れのときに数をまちがえていることもある。盗難や紛失してしまっている場合もあるのだ。

試算表ができたら、より正確な決算書をつくるためにいくつか修正を加える。決算前におこなうため、「決算整理」という(左ページ参照)。

ふだん記録していく仕訳だけでは、帳簿と実際の在庫や現金の間にズレが生じたり、決算書の会計期間に即していない場合が出てくる。それを修正するための仕訳をするのだ。

146

## 決算整理にはこんなものがある

**売上原価の計算** ← 売れ残った商品を来期に繰り越すために、実際に売れた分の費用を計算する。
（P148へ）

**減価償却費の計上** ← 建物や車などの固定資産は、時の経過とともに価値の減少した分を決算書に反映させる。
（P150へ）

**貸倒引当金の設定** ← 取引先の倒産などで、ツケが回収できなくなったときのために、前もって計算しておく。
（P152へ）

**費用の繰り延べ** ← 当期の費用を正確にするため、来期の分まで前払いした金額を費用から資産にかえる。
（P154へ）

**収益の繰り延べ** ← 当期の収益を正確にするため、来期の分として受け取った金額を収益から負債にかえる。

**費用の見越し** ← まだ支払っていないが、当期の費用とすべきものを決算書に反映させる（支払利息など）。

**収益の見越し** ← まだ受け取っていないが、当期の収益となるものを決算書に反映させる（受取利息など）。

**有価証券の評価替え** ← 株式などの有価証券の価値は変動するため、購入時の時価から決算時の時価にかえる。

**現金過不足の調整** ← 原因不明で実際の現金が帳簿より少ないときは「雑損」多いときは「雑益」で処理する。

**貯蔵品の計上** ← 使いきらなかった消耗品は、費用（消耗品費）から資産（貯蔵品）に振り替える。

# 仕入れた商品の売れ残りをチェック「売上原価の計算」

決算整理

## 売上原価の計算方法

**前期の繰越商品（在庫）**

**決算整理の仕訳**
**資産→費用に**
前期から繰り越した商品（資産グループ）を当期の仕入（費用グループ）に振り替える。

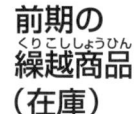

＋

**当期に仕入れた分**

－

**決算整理の仕訳**
**費用→資産に**
当期の仕入れ（費用グループ）のうち売れ残った分を、次期へ繰り越す商品（資産グループ）に振り替える。

**次期への繰越商品（売れずに残った在庫）**

＝

**当期で実際に売れた分**

＝

**売上原価**

売上原価とは、商品の仕入れや製品をつくるときにかかった金額。

しかし、売れ残り、つまり在庫分の仕入代などは売上原価にならない。実際に売れた商品にかかった分だけが売上原価になるのだ。

決算整理によって正しい売上原価がわかる。売り上げた商品に前期からの在庫が含まれる場合もある。この仕訳、計算も忘れずに。

148

## 決算整理の仕訳はこうなる!

**例** 前期の繰越商品が30万円、当期の仕入が500万円、たな卸しの結果、在庫が50万円だった

= 前期の繰越商品（資産グループ）30万円を仕入（費用グループ）に振り替える。また、仕入（費用グループ）50万円を次期への繰越商品50万円に振り替える

↓ 仕訳のルールをチェック

- 費用の発生は左 資産の増加は左
- 資産の減少は右 費用の取消は右

| （借方） | | （貸方） | |
|---|---|---|---|
| 仕入 | 300,000 | 繰越商品 | 300,000 |
| 繰越商品 | 500,000 | 仕入 | 500,000 |

＊詳しい仕訳のルールについてはP40〜43へ

---

このワインは保存が悪い売り物にはできないな処分するしかないか

帳簿と実際の数が合っても、破損や汚れ、流行おくれのために売り物にならない場合がある。たな卸しでは、販売価値のある商品がどれだけあるのか、数えるのだ。

## COLUMN たな卸しは正確に

決算前に在庫を数えることを「たな卸し」という。たな卸しが不正確だと、正しい売上原価が出ないため利益に影響が出てしまう。

これを悪用して、実際より在庫を多く数えると、決算書の利益も実際より増やせてしまう（「粉飾決算」という）。

反対に、在庫を減らすと決算書の利益が減って納税額を減らせる。これは「逆粉飾決算」つまり脱税になるのだ。

決算整理

# 営業用に購入した車が古くなった「減価償却費の計上」

## 固定資産の価値は徐々に下がる

建物や車、機械などの固定資産を購入した瞬間は購入金額と等しい価値がある。

何年も使ったものを破棄するときに一度に費用に計上するのは公平ではない。そのため、固定資産を使用する各年度の決算で徐々に費用にしていく。これが減価償却だ。

1年、2年…と使っていくうちに、いろいろな箇所が消耗したり古くなって、購入金額よりも価値が下がる。

### 土地は永遠に資産のまま

固定資産のなかでも価値の下がらないものがある。たとえば土地だ。時の経過だけで価値が下がるわけではないので減価償却しない。

営業車も長年乗れば、どこかしら不具合が出てくるもの。それにつれて資産価値は年々下がっていく。

しかし車は資産グループに仕訳されるので、そのままでは車を手放すまでずっと同じ帳簿価額のままだ。

そこで「減価償却費」という勘定科目をつくって、価値の減少分を決算書に反映させるのだ。

150

# 下がった価値を計算して費用にする

固定資産ごとに減価償却する期間（耐用年数）を設定。下の例のように、その間、毎年同じ金額を費用に償却するのが「定額法」という計算方法。ほかに「定率法」もある。

**耐用年数とは**
価値の下がる固定資産が、それぞれ何年間使用に耐えられるか設定した年数。法人税法で定められた法定耐用年数が一般的。

## 定額法

$$1年の減価償却費 = \frac{取得価額}{耐用年数}$$

**例** 営業に使う乗用車を減価償却する

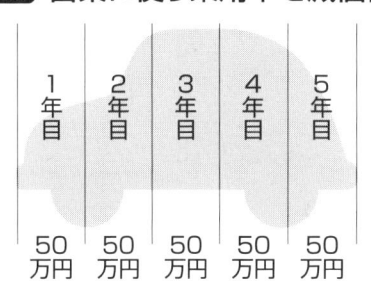

1年目 50万円／2年目 50万円／3年目 50万円／4年目 50万円／5年目 50万円

自動車　250万円
耐用年数　5年

1年の減価償却費
$$\frac{250万円}{5年} = 50万円$$

---

### 決算整理の仕訳はこうなる！

**例** 昨年250万円で購入した乗用車（法定耐用年数：5年）を定額法で年に50万円減価償却する

＝ 車両運搬具（資産グループ）の帳簿価額が50万円減少し、減価償却費（費用グループ）が50万円うまれたことになる

↓

**仕訳のルールをチェック**

費用の発生は左　　　資産の減少は右

| （借方） | （貸方） |
|---|---|
| 減価償却費　500,000 | 車両運搬具　500,000 |

＊詳しい仕訳のルールについてはP40〜43へ

決算整理

# ツケのある取引相手が倒産しそうだ
## 「貸倒引当金の設定」

大変だ！
○×商事が倒産した
売掛金がいくら
残っているか
すぐ調べてくれ

取引相手が倒産すると、回収するはずのお金が回収できない。

**ツケが回収できない可能性を考える**

「売掛金」や「受取手形」などの債権は、取引相手が倒産したら回収できない。いざというときのために、お金が回収できない可能性をあらかじめ計算しておくのだ。

取引相手が倒産したら、「売掛金」（106ページ参照）や「受取手形」（108ページ参照）など、将来入金を予定しているものが、水の泡になってしまう。これを貸倒れという。

こういった事態に備えて、会社は事前に回収不能になる金額を見積もっている。これが資産の部で唯一のマイナス項目となる「貸倒引当金」だ。

152

### 決算整理の仕訳はこうなる!

**例** ○○酒店が倒産しそうだ。売掛金30万円のうち10%は回収できないかもしれない。そのときに備えて、貸倒引当金繰入として3万円計上しておく

= 貸倒引当金（負債と定義されるが、貸借対照表では資産のマイナスとして表示。この仕訳では負債とする）が3万円増加、貸倒引当金繰入（費用グループ）が3万円発生する

↓ 仕訳のルールをチェック

費用の発生は左　　　負債の増加は右

| （借方） | （貸方） |
|---|---|
| 貸倒引当金繰入　30,000 | 貸倒引当金　30,000 |

＊詳しい仕訳のルールについてはP40〜43へ

---

我々のような小さな会社では貸倒引当金なんていっとられんのです

### いくらにするかは会社次第

貸倒引当金をたてるかどうかは会社ごとに自由に決めていい。国税庁の法人企業調査（平成16年）によると貸倒引当金を計上している会社は約15%だけだ。資本金別にみると、資本金が多いほど貸倒引当金を計上している。

決算整理

# 駐車場代をまとめて前払いした「費用の繰り延べ」

```
当期の会計期間
期首          決算（期末）      契約開始        契約終了
4月1日        3月31日         7月1日         6月30日
                    ← 1年分の駐車場代 →
```

契約開始のときに1年分の駐車場代をまとめて支払った。そのため次期の決算期間の分の費用が発生してしまっている。

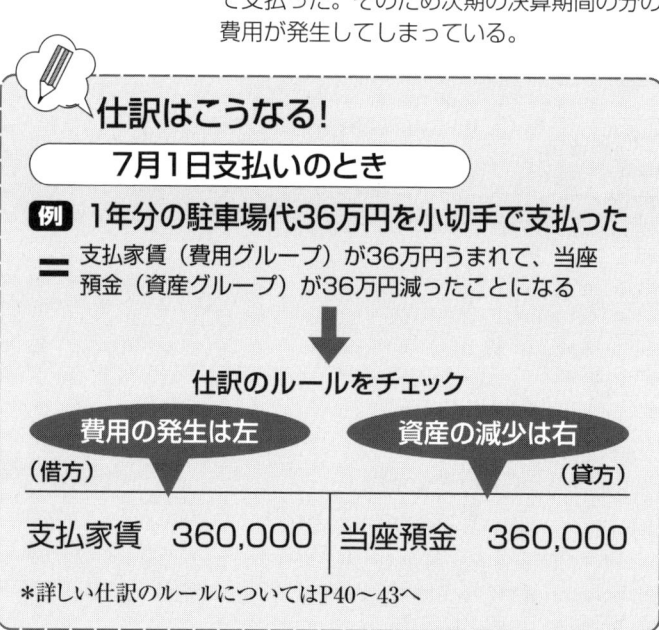

## 仕訳はこうなる！

**7月1日支払いのとき**

**例** 1年分の駐車場代36万円を小切手で支払った

＝ 支払家賃（費用グループ）が36万円うまれて、当座預金（資産グループ）が36万円減ったことになる

↓

**仕訳のルールをチェック**

| 費用の発生は左（借方） | 資産の減少は右（貸方） |
|---|---|
| 支払家賃　360,000 | 当座預金　360,000 |

＊詳しい仕訳のルールについてはP40〜43へ

保険料などは、1年分や数年分まとめて支払う場合が少なくない。

しかし、決算書に計上する費用は、会計期間中の分だけでなくては不正確だ。

そのため決算整理をして、前払いした分の費用を次期以降に繰り延べる。これが「費用の繰り延べ」。繰り延べられた費用は「前払保険料」「前払家賃」などの勘定科目になる。

154

# 当期の分だけを厳密に計算する

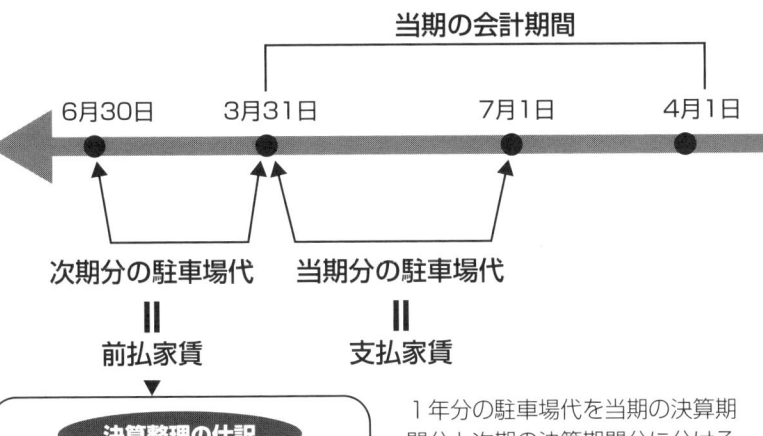

**当期の会計期間**

6月30日 ← 3月31日 ← 7月1日 ← 4月1日

次期分の駐車場代 = 前払家賃

当期分の駐車場代 = 支払家賃

1年分の駐車場代を当期の決算期間分と次期の決算期間分に分ける。そうすることで、当期にかかった正確な費用が計上できる。

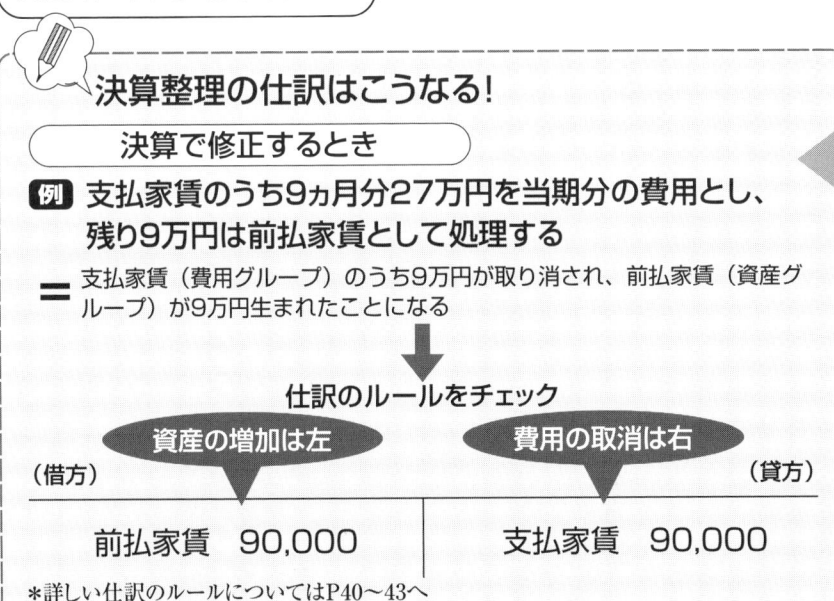

**決算整理の仕訳**

**費用→資産に**

前払いした分の代金は、当期の決算では費用グループから除外され、資産グループにかえられる。

## 決算整理の仕訳はこうなる!

**決算で修正するとき**

**例** 支払家賃のうち9ヵ月分27万円を当期分の費用とし、残り9万円は前払家賃として処理する

= 支払家賃（費用グループ）のうち9万円が取り消され、前払家賃（資産グループ）が9万円生まれたことになる

**仕訳のルールをチェック**

| （借方） | （貸方） |
|---|---|
| 資産の増加は左 | 費用の取消は右 |
| 前払家賃　90,000 | 支払家賃　90,000 |

＊詳しい仕訳のルールについてはP40〜43へ

# 試算表と決算整理をまとめてスムーズに手続きする

精算表

## 精算表でラストスパート

決算整理(P146参照) ＋ 残高試算表(P145参照)
↓

### 精算表
平成○年○月○日

| 勘定科目 | 残高試算表 | | 整理記入 | | 損益計算書 | | 貸借対照表 | |
|---|---|---|---|---|---|---|---|---|
| | 借方 | 貸方 | 借方 | 貸方 | 借方 | 貸方 | 借方 | 貸方 |
| 現金 | | | | | | | | |
| 当座預金 | | | | | | | | |
| 売掛金 | | | | | | | | |
| 有価証券 | | | | | | | | |
| 繰越商品 | | | | | | | | |
| 買掛金 | | | | | | | | |
| 貸倒引当金 | | | | | | | | |
| 資本金 | | | | | | | | |
| 売上 | | | | | | | | |
| 仕入 | | | | | | | | |
| 当期純利益 | | | | | | | | |

残高試算表と、決算整理仕訳にもとづいた整理記入、簡単な損益計算書と貸借対照表が一覧表になることで、決算手続きの流れがよくわかる。

決算の手続きをよりスムーズで正確におこなうために、「精算表」という一覧表をつくることがある。

試算表に決算整理を加え、簡単な損益計算書と貸借対照表を合わせたものだ。決算手続きの流れを確認することができる。

パソコン会計の場合は、コンピュータがおこなうので流れを知っておけばいい。

## 決算書が完成するまでの手続き

**帳簿を締め切る**

決算整理、精算表の作成が済んだら、最終的な手続きとして総勘定元帳の金額を確定させる（締め切るという）。

- 費用、収益を締め切る
- 損益勘定をたてる
- 資産、負債、純資産を締め切る
- 繰越試算表（くりこししさんぴょう）をつくる

← **決算書の作成へ**

---

決算書の完成まで
あと一息です
大変ですけれど
最後まで頑張りましょう

# 5つのグループから損益計算書と貸借対照表をつくる

■ 決算書をつくる

## 収益と費用をあつめてつくる「損益計算書」(P／L)

損益計算書は、収益と費用からもうけ（あるいは損）を知る報告書だ（P26参照）。つまり会計期間のすべての収益と費用がまとめられている。一連の決算手続きではっきりした収益と費用は、発生した原因別に区分され段階的な利益が表示される。

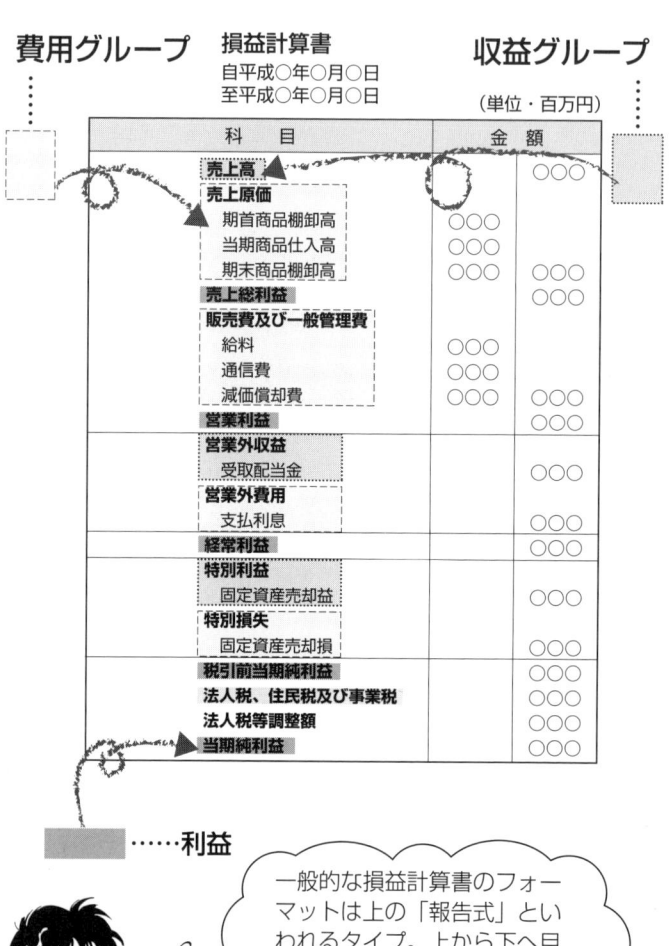

**費用グループ**　　**損益計算書**　　　　**収益グループ**
　　　　　　　　自平成〇年〇月〇日
　　　　　　　　至平成〇年〇月〇日
　　　　　　　　　　　　　　　　　（単位・百万円）

| 科　目 | 金　額 | |
|---|---|---|
| **売上高** | | 〇〇〇 |
| **売上原価** | | |
| 　期首商品棚卸高 | 〇〇〇 | |
| 　当期商品仕入高 | 〇〇〇 | |
| 　期末商品棚卸高 | 〇〇〇 | 〇〇〇 |
| **売上総利益** | | 〇〇〇 |
| **販売費及び一般管理費** | | |
| 　給料 | 〇〇〇 | |
| 　通信費 | 〇〇〇 | |
| 　減価償却費 | 〇〇〇 | 〇〇〇 |
| **営業利益** | | 〇〇〇 |
| **営業外収益** | | |
| 　受取配当金 | | 〇〇〇 |
| **営業外費用** | | |
| 　支払利息 | | 〇〇〇 |
| **経常利益** | | 〇〇〇 |
| **特別利益** | | |
| 　固定資産売却益 | | 〇〇〇 |
| **特別損失** | | |
| 　固定資産売却損 | | 〇〇〇 |
| **税引前当期純利益** | | 〇〇〇 |
| **法人税、住民税及び事業税** | | 〇〇〇 |
| **法人税等調整額** | | 〇〇〇 |
| **当期純利益** | | 〇〇〇 |

■……利益

> 一般的な損益計算書のフォーマットは上の「報告式」といわれるタイプ。上から下へ目を通せば、利益の発生が段階的にわかる。

158

# 資産と負債と純資産をあつめてつくる「貸借対照表」(B／S)

貸借対照表は、資産と負債、純資産から会社の財産を知る報告書だ（P30参照）。つまり決算時のすべての資産、負債、純資産がまとめられている。繰越試算表をもとに「勘定式」というフォーマットにルールに沿って記載される。

**資産グループ**　　　　　　　　　　　　　　　　　　　　　　　**負債グループ**

貸借対照表
平成○○年○月○日現在　　　　　　　　　　　　　　　　（単位：百万円）

| 科　目 | 金　額 | 科　目 | 金　額 |
|---|---|---|---|
| （資産の部） |  | （負債の部） |  |
| **Ⅰ 流動資産** | ○○○ | **Ⅰ 流動負債** | ○○○ |
| 　現金及び預金 | ○○○ | 　支払手形 | ○○○ |
| 　受取手形 | ○○○ | 　買掛金 | ○○○ |
| 　売掛金 | ○○○ | 　短期借入金 | ○○○ |
| 　有価証券 | ○○○ | 　未払法人税等 | ○○○ |
| 　たな卸資産 | ○○○ | 　賞与引当金 | ○○○ |
| 　その他流動資産 | ○○○ | 　その他流動負債 | ○○○ |
| 　貸倒引当金 | ▲○○○ |  |  |
| **Ⅱ 固定資産** | ○○○ | **Ⅱ 固定負債** | ○○○ |
| 　（有形固定資産） |  | 　社債 | ○○○ |
| 　　建物・構築物 | ○○○ | 　長期借入金 | ○○○ |
| 　　機械装置・運搬具 | ○○○ | 　退職給付引当金 | ○○○ |
| 　　工具、器具及び備品 | ○○○ | 　その他固定負債 | ○○○ |
| 　　土地 | ○○○ |  |  |
| 　　建設仮勘定 | ○○○ | 負債合計 | ○○○ |
| 　（無形固定資産） | ○○○ |  |  |
| 　　特許権 | ○○○ |  |  |
| 　　営業権 | ○○○ | （純資産の部） |  |
| 　　借地権 | ○○○ | **Ⅰ 株主資本** | ○○○ |
| 　　電話加入権 | ○○○ | 　資本金 | ○○○ |
| 　　その他無形固定資産 | ○○○ | 　資本剰余金 | ○○○ |
| 　（投資等その他の資産） |  | 　利益剰余金 | ○○○ |
| 　　投資有価証券 | ○○○ | 　自己株式 | ▲○○○ |
| 　　子会社株式 | ○○○ | **Ⅱ 評価・換算差額等** | ○○○ |
| 　　長期貸付金 | ○○○ | **Ⅲ 新株予約権** | ○○○ |
| 　　長期前払費用 | ○○○ |  |  |
| 　　貸倒引当金 | ▲○○○ |  |  |
| **Ⅲ 繰延資産** | ○○○ | 純資産合計 | ○○○ |
| 資産合計 | ○○○ | 負債・純資産合計 | ○○○ |

**純資産グループ**

## 決算書を読んでみる

損益計算書と貸借対照表の見方、読み方はP162〜165参照。

決算書を読む

# 会社のいろいろな側面を決算書の数字から知る

お手元に配布しました資料のなかに○○商事の決算書があります

**デキる奴は数字の裏づけを取る**
会社を「経営が上向き」「急成長中」などと評価するとき、数字による裏づけがないと納得できないものだ。説得力のあるデータを武器にするのが、デキる奴の鉄則だ。

会社の評価の仕方はいろいろあるが、客観的な評価をくだせる代表的な資料のひとつが、決算書だ。

ただ、決算書のデータが似ている会社があっても、会社の規模や歴史、業種などが異なれば、その数字が意味する評価はちがう。会社の成績のよしあしを正しく判断できるように、決算書の読み方を身につけたい。

160

# いくつか比べて分析する

**比較してこそわかる**
決算書はひとつだけをみても、十分な情報は得られない。
いくつかの決算書と比較することによって、その決算書があらわす本当の意味がみえてくる。

## 昔の成績と比べる

ある会社の経営状況をチェックしようと思ったら、最低でも3期分の決算書を見比べたい。前期やその前の決算書と比べることで、会社がどのように成長してきたのかわかる。

## 業界の標準と比べる

会社が属する業界の平均値と比較すれば、業界で会社がどのような位置にいるのかがわかる。平均値は、財務省の「法人企業統計年報」や日本経済新聞社の「日経経営指標」などを参考に。

## ライバル会社と比べる

ある会社と競合他社の決算書を比較してみる。すると、その会社がどのような点で勝っているか、または劣っているか明らかになり、改善点などもみえてくる。

### COLUMN 決算書はココで手に入れる

上場企業の決算書は、一般の人でも手に入れることができる。
株主総会の翌日には多くの企業が、各新聞に決算の結果を公告している。会社のホームページ上で決算書をみられるようにしていることも多い。
詳しい情報ならば、財務省から発行される「有価証券報告書」をみればわかる。社歴や役員名など決算書以外の情報も載っている。

# 会社の成長性を損益計算書で知る

### 決算書を読む

**損益計算書**
自平成〇年〇月〇日
至平成〇年〇月〇日

**会計期間**

（単位・百万円）

| 科　目 | 金　額 | |
|---|---|---|
| **売上高** | | 〇〇〇 |
| **売上原価** | | |
| 　期首商品棚卸高 | 〇〇〇 | |
| 　当期商品仕入高 | 〇〇〇 | |
| 　期末商品棚卸高 | 〇〇〇 | 〇〇〇 |
| **売上総利益** | | 〇〇〇 |
| **販売費及び一般管理費** | | |
| 　給料 | 〇〇〇 | |
| 　通信費 | 〇〇〇 | |
| 　減価償却費 | 〇〇〇 | 〇〇〇 |
| **営業利益** | | 〇〇〇 |
| **営業外収益** | | |
| 　受取配当金 | | 〇〇〇 |
| **営業外費用** | | |
| 　支払利息 | | 〇〇〇 |
| **経常利益** | | 〇〇〇 |
| **特別利益** | | |
| 　固定資産売却益 | | 〇〇〇 |
| **特別損失** | | |
| 　固定資産売却損 | | 〇〇〇 |
| **税引前当期純利益** | | 〇〇〇 |
| **法人税、住民税及び事業税** | | 〇〇〇 |
| **法人税等調整額** | | 〇〇〇 |
| **当期純利益** | | 〇〇〇 |

損益計算書では、会計期間中のもうけがあきらかになる。

もうけとひと口にいっても、どうやって得た利益なのかが重要だ。本業で稼いだのか、経費の削減やリストラをしたからなのか、財テクが成功したのか……。損益計算書は、もうけを内容によって5つに分けている。まずは5つの利益に注目することからはじめたい。

162

# 売上高と5つの利益をみる

**会社のスケールをCheck!**
## 売上高

商品や製品を売ったり、サービスを提供して稼いだ合計金額。前期より増えることを「増収」、減ることを「減収」という。会社を大きくするには売上高の増加が不可欠だ。

**商品、製品の魅力をCheck!**
## 売上総利益

売上高から売上原価（販売した商品の仕入れにかかった費用）を引いたものが売上総利益。大雑把な利益で「粗利」ともいわれる。会社の商品、製品力を読み取る目安のひとつ。

**本業でもうけているかCheck!**
## 営業利益

売上総利益から、「販売費及び一般管理費」を引いたものが営業利益。本業で得た利益のこと。マイナスになると「営業損失」と名がかわる。この場合は早急な対策が必要だ。

**会社の実力をCheck!**
## 経常利益

営業利益に本業以外の損益を合わせた利益。本業、財テクを含めた会社の実力がわかる。「ケイツネ」ともいわれる。前期より増えれば「増益」減れば「減益」という。

**会社が黒字か赤字かCheck!**
## 税引前当期純利益

経常利益から、臨時に発生した損失やもうけ（予期できない火災や不動産の売却など）を引いたり足したりした金額。会計期間のすべての収益と費用をまとめた利益だ。

**最終的な利益をCheck!**
## 当期純利益

税引前当期純利益から税金を差し引いた金額。最終的な会社の利益がわかる。経常利益は多いのに、臨時の損失で純利益が少ないこともある。5つの利益全体をチェックしたい。

# 会社の底力を貸借対照表で知る

## 小分けにして読むと理解がはやい

(単位：百万円)

| 科目 | 金額 |
|---|---|
| （負債の部） | |
| Ⅰ 流動負債 | ○○○ |
| 　支払手形 | ○○○ |
| 　買掛金 | ○○○ |
| 　短期借入金 | ○○○ |
| 　未払法人税等 | ○○○ |
| 　賞与引当金 | ○○○ |
| 　その他流動資産 | ○○○ |
| Ⅱ 固定負債 | ○○○ |
| 　社債 | ○○○ |
| 　長期借入金 | ○○○ |
| 　退職給付引当金 | ○○○ |
| 　その他固定負債 | ○○○ |
| 負債合計 | ○○○ |
| （純資産の部） | |
| Ⅰ 株式資本 | ○○○ |
| 　資本金 | ○○○ |
| 　資本剰余金 | ○○○ |
| 　利益剰余金 | ○○○ |
| 　自己株式 | ▲○○○ |
| Ⅱ 評価・換算差額等 | ○○○ |
| Ⅲ 新株予約権 | ○○○ |
| 純資産合計 | ○○○ |
| 負債・純資産合計 | ○○○ |

### 流動負債
**はやめに返済すべき負債**
決算日から1年以内に返済しなければならない負債。
商品やサービスの購入代金の未払い分や、短期間（1年以内）で返済する借入金などがある。

### 固定負債
**ゆっくり返済できる負債**
負債のなかでも、支払義務が1年を超えてあるもの。
社債や長期借入金が主な固定負債だ。

### 純資産
**純粋な財産。でも実体はない**
純資産は資産から負債を差し引いたもので、純粋な財産のこと。株主から出資してもらったお金と、会社がもうけて貯めたお金のことで、自己資本ともよばれる。

貸借対照表は決算時点の会社の財産を示す。

左右に分かれた表の左が資産。右が他人から借りたお金である負債と、返す必要のないお金である資本だ。

負債と純資産、ふた通りの資金をどう運用して、資産を充実させているかがポイントだ。上の6つのブロックに分けると、数字の意味が理解しやすい。

決算書を読む

## 流動資産

**もうすぐお金になる資産**

現金、預貯金のほかに、受取手形など決算日から１年以内に換金できる資産のこと。これらの資産を多くもっている会社は、支払能力があり、安心して取引ができる。

## 固定資産

**会社が長く保有する資産**

１年以上の長期にわたって利用するもので、販売目的ではない資産。土地や機械など目にみえる資産や、営業権など目にみえない資産がある。

## 繰延資産

**価値のない見込みの資産**

本来なら費用として扱える会社の創立費や開発費などを、「将来役に立つかも」と財産価値を見込んで資産にしている。繰延資産が多い会社は決算が不透明。注意したい。

▲はマイナスを意味する。

### 貸借対照表
平成○○年○月○日現在

| 科　　目 | 金　額 |
|---|---|
| （資産の部） | |
| Ⅰ 流動資産 | ○○○ |
| 　現金及び預金 | ○○○ |
| 　受取手形 | ○○○ |
| 　売掛金 | ○○○ |
| 　有価証券 | ○○○ |
| 　たな卸資産 | ○○○ |
| 　その他流動資産 | ○○○ |
| 　貸倒引当金 | ▲○○○ |
| Ⅱ 固定資産 | ○○○ |
| 　（有形固定資産） | ○○○ |
| 　建物・構築物 | ○○○ |
| 　機械装置・運搬具 | ○○○ |
| 　工具、器具及び備品 | ○○○ |
| 　土地 | ○○○ |
| 　建設仮勘定 | ○○○ |
| 　（無形固定資産） | ○○○ |
| 　特許権 | ○○○ |
| 　営業権 | ○○○ |
| 　借地権 | ○○○ |
| 　電話加入権 | ○○○ |
| 　その他無形固定資産 | ○○○ |
| 　（投資等その他の資産） | ○○○ |
| 　投資有価証券 | ○○○ |
| 　子会社株式 | ○○○ |
| 　長期貸付金 | ○○○ |
| 　長期前払費用 | ○○○ |
| 　貸倒引当金 | ▲○○○ |
| Ⅲ 繰延資産 | ○○○ |
| 資産合計 | ○○○ |

---

### COLUMN　お金がみえるキャッシュ・フロー計算書

　損益計算書と貸借対照表のふたつの書類だけでは、会社が「現金」を何にどのくらい使ったのかわからない。

　そこで、会社の資金繰りがわかる「キャッシュ・フロー計算書」にも注目したい。

　現金の調達先、本業でどれだけ現金がうまれたか、どれくらい投資や借金をしたかなど、会計期間に現金がどこからどこへ流れたかあきらかになる。

# 簡単な計算で会社を分析できる

たし、ひき、かけ、わり算

**決算書で経営分析する**

## 分析ポイントは目的にあわせる

急成長しているベンチャー企業なら、安定性よりも収益性を重視することもある。逆に成熟期の大企業なら安全性が第一かもしれない。それぞれの事情によって注目したい分析ポイントは異なる。

### 安全性
資金の調達と運用に問題はないかをみる。支払いや返済がきちんとできるか、その会社がつぶれないか、などをチェック。

**貸借対照表**　**損益計算書**

### 収益性
投資した資本に対して、どれだけもうけているかをみる。
商売上手かどうか、何によってもうけているか、などをチェック。

### 効率性
会社の資産や負債、資本がどれだけ有効に活用されているか、効率よく売り上げに貢献しているかどうかをチェック。

決算書の数字をみるだけでなく、数字をたし、ひき、かけ、わり算すると、会社をより詳しく分析することができる。

分析といっても、公式（「経営指標」という）に決算書の数字をあてはめて、簡単な計算をするだけ。計算して出た数値は、前期の数値やライバル会社の数値と比較して検討することが大切だ。

166

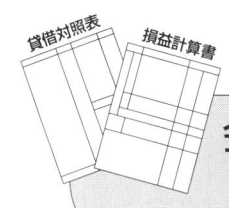

## 会社の総合力がわかる
### 総資本経常利益率（ROA）

$$総資本経常利益率(\%) = \frac{経常利益}{平均総資本（総資産）} \times 100$$

＊平均総資本とは、前期と当期の総資産（負債＋純資産）の平均値。

**こんなときにCheck**

総資本経常利益率は、経営分析の基本ともいわれるもっとも有名な指標だ。
総資本、つまり資産を使ってどれくらい効率よく、利益を生み出しているかをみる。収益性と効率性の両方をあわせた分析で会社の総合力がわかる。総資本経常利益率が低いときは、売上高経常利益率と総資本回転率もチェックを（P170、171へ）。

**理想の数値は？**

数値が高ければ高いほど、経営の効率がよいことをあらわす。
一般的にいわれる目標指数である10％以上が望ましい。

## ●株主として会社の成績をチェック
### 自己資本利益率（ROE）

$$自己資本利益率(\%) = \frac{当期純利益}{平均自己資本} \times 100$$

＊平均自己資本とは、前期と当期の自己資本の平均値のことで「（前期自己資本＋当期自己資本）÷2」となる。

自己資本とは、株主が出資した資金（株主資本）と、会社のいままでの利益の合計。これをどれだけ有効に使い、当期純利益を生み出したか示す指数がROEだ。株主資本利益率ともいわれる。

## 会社がつぶれないかわかる —— 自己資本比率

$$自己資本比率(\%) = \frac{自己資本}{総資本（総資産）} \times 100$$

＊自己資本は純資産のことで、総資本（総資産）は負債+純資産のこと。

### こんなときにCheck
自己資本比率とは、総資本（総資産）における自己資本の割合のこと。会社が資金を調達するとき、自己資本に頼っているか、借金（負債）に頼っているかチェックして、会社の安全性がわかる。
総資本における負債の割合が低いほど、つまり自己資本の割合が高いほど安定した、つぶれにくい会社だと判断できる。

### 理想の数値は？
自己資本比率が高いほど、会社は安定している。目安は30％以上、理想は50％以上だ。
ただし成長期の会社ならば、積極的な設備投資のため、負債の割合が高いこともある。

### ひと目で安全性をみる
会社の安全性を判断するとき、貸借対照表の資本の部にある「剰余金」に注目するといい。剰余金は順調に利益を上げてきた証拠。多いほうがよいのだ。

## COLUMN "決算書がすべて"ではない

「決算書を読みこなせば、会社のすべてがわかる」というわけではない。
　会社のプロフィールやこれまでの社史、目標、株価、開発中の新製品など、決算書にあらわれない大切な情報はたくさんある。
　決算書が重要であることはまちがいないが、会社の経営状況を見抜くための、数ある情報源のひとつと考えたい。

## ●支払能力の高さをチェック
―――― 流動比率

$$流動比率(\%) = \frac{流動資産}{流動負債} \times 100$$

会社の短期的な安全性がわかる。1年以内に出入りする現金に的をしぼって、会社の支払能力を分析できる。一般的な平均は120〜150％、理想は200％以上だ。

## ●長期的な安定性をチェック
―――― 固定比率

$$固定比率(\%) = \frac{固定資産}{自己資本} \times 100$$

長期的な安全性を分析できる。固定資産の購入をどの程度自己資本でまかなっているかをみるのだ。理想は100％以下。しかし、成長期の会社の場合、多少のオーバーは許容範囲だ。

当然、勝負だ！！

失敗したら私が責任を取る思いっきりやれ！！

成長中の会社なら、安定にこだわりすぎず、借金を背負ってでも攻める姿勢が大切かもしれない。

損益計算書

## もうける力がわかる ―― 売上高経常利益率

$$売上高経常利益率（％） = \frac{経常利益}{売上高} \times 100$$

**こんなときにCheck**
会社の収益性を分析する重要な指標。売上高に対して経常利益がどれくらいあるのかを計算する。
経常利益は本業で生まれる営業利益に、財テクなどの副業による利益をプラスしたもの。
売上高経常利益率が伸び悩んでいたら、売上高総利益率や売上高営業利益率もチェックを。

**理想の数値は？**
数値が高いほど、収益性が高く、実力のある会社だといえる。
業種によって差はあるが、5％以上あると安心できる。

## ●商品力をチェック ―― 売上高総利益率

$$売上高総利益率（％） = \frac{売上総利益}{売上高} \times 100$$

商品やサービスの収益性を示す。数値が高いほど競争力も高いが、低くても薄利多売で成功していることも。製造業やサービス業は25％以上、流通業は20％以上が理想。

## ●本業でのもうけをチェック ―― 売上高営業利益率

$$売上高営業利益率（％） = \frac{営業利益}{売上高} \times 100$$

売り上げのなかの、本業でのもうけの割合を示す。数値が高いほうがよい。製造業、サービス業は7％以上、卸売業、流通業は3％以上が理想。

ラーメン屋は客の回転がはやいほうがもうかる。並んで待つ客もそのほうがはやく入れる。

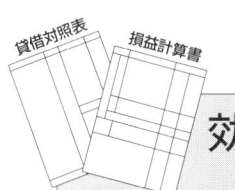

> さあ のびないうちに さっと食べよう

## 効率の良さ（収益性）がわかる
### 総資本回転率と回転期間

$$総資本回転率（回）= \frac{売上高}{平均総資本（総資産）}$$

### 理想の数値は？
数値が高いほど資本を有効活用していて、効率性が高い。1.5回以上が目標。

＊平均総資本とは、前期と当期の総資産（負債+純資産）を足して2でわって出した平均値のこと。

$$総資本回転期間（日）= \frac{平均総資本（総資産）}{売上高} \times 365$$

### こんなときにCheck
総資本回転率と総資本回転期間は、会社の効率性をみる基本となる指標だ。資本の調達から、運用、回収までして1回転となる。総資本を運用して、一定期間のうちに何回お金を回収できたのかが総資本回転率。お金として回収されるまでの期間が総資本回転期間だ。

### 理想の数値は？
回転期間が短ければ短いほど、効率がいい。

# あとがき

経理が「経営管理」の略といわれるように、経理は会社の「要」だと思う。会社の動きを数字に置き換え、決算書として我々に見せてくれるからだ。経営戦略をたて、利益の予想、予算の編成などを正確におこなうには、決算書にもとづいた経営分析が不可欠。経理は、会社の業績を伸ばしていくカギになるのだ。

ところが、「経理じゃないから簿記の知識は必要ない」と考える人は少なくない。経理にたずさわっていても、「パソコン会計だから、簿記を知らなくても大丈夫」と思う人もいるかもしれない。

しかし、経理部門であってもなくても、経理や簿記の知識が必要な場面はたくさんある。たとえば、営業マンが取引先と価格交渉をするとき、顧客の経営状態を把握したいとき、エンジニアが商品開発にかかるコストを計算するとき、ほかにも販売促進の企画、採用計画、予算をたてるときなど、ビジネスのさまざまな場面で役に立つのだ。

なぜならば、こういった交渉や計画は、経理がもつデータにもとづい

172

てすすめないと失敗する確率が高くなるからだ。
経理や簿記は専門用語が多く堅苦しいため、はじめのうちはむずかしく感じるかもしれない。

この本は、できるだけやさしい言葉で書いたつもりだ。経理や簿記で使われる言葉に慣れ、大まかな輪郭をつかむために、気負わずに読んでいただければ、と思っている。そして、さらに経理や簿記と深くつきあうきっかけになれば、このうえなくうれしい。

ちなみに、決算書については、2年前に出した『知識ゼロからの決算書の読み方』でより詳しく説明している。本書とあわせて参考にしてもらえれば幸いだ。

最後に、本書をまとめるにあたり、幻冬舎の福島広司氏、鈴木恵美氏、そして千代田パートナーズ会計事務所の今村正氏に数々のアドバイスを頂戴した。この場を借りて、お礼申し上げます。

二〇〇六年四月

弘兼憲史

●取材協力

今村 正(千代田パートナーズ会計事務所　パートナー税理士)
　　　東京都千代田区内神田1-14-5　NK内神田ビル3F
　　　TEL 03-3233-1988


●参考文献—以下の本を参考にさせていただきました。ありがとうございます

『〈ウルトラ入門〉簿記と経理がたのしくわかる!』　堀井弘三 著(かんき出版)
『会計のことが面白いほどわかる本〈会計の基本の基本編〉』　天野敦之 著(中経出版)
『「経済のしくみ」がすんなりわかる講座』　野口旭 著(ナツメ社)
『高校簿記』　新井清光ほか9名 著(実教出版)
『さおだけ屋はなぜ潰れないのか? 身近な疑問からはじめる会計学』　山田真哉 著(光文社)
『30の勘定科目でわかる簿記入門』　黒田定義 著(日本実業出版社)
『数字が苦手な人の経営分析』　中西安 著(PHP研究所)
『数字がわかれば仕事はぜんぶうまくいく』　金児昭 著(PHP研究所)
『図解 ゼロからはじめる簿記入門』　村田宏彰 監修(ナツメ社)
『世界一感動する会計の本です【簿記・経理入門】』　山田真哉 著(日本実業出版社)
『世界一やさしい会計の本です』　山田真哉 著(日本実業出版社)
『たった1日で身につく! 簿記の基本ルール』　澤昭人 著(PHP研究所)
『誰にも聞けなかった会計のきほん』　山田咲道 著(日本経済新聞社)
『段階式 日商簿記 4級商業簿記』　加古宜士・片山覚 監修(税務経理協会)
『知識ゼロからの決算書の読み方』　弘兼憲史 著(幻冬舎)
『「どの勘定科目?」すぐわかる仕訳事典』　金子則彦 著(明日香出版社)
『日商簿記3級とおるテキスト』　TACクリエイティブ室 編(TAC出版)
『はじめての人の簿記入門塾』　浜田勝義 著(かんき出版)
『はじめてわかった決算書プロのコツ〈改訂版〉』　松田修 著(リイド社)
『パッとわかる 簿記の本』　中村喜一 監修(成美堂出版)
『ひとりで学べる 簿記に強くなる本』　大木忍 著(日東書院)
『弘兼憲史の会社新作法』　弘兼憲史 著(講談社)
『簿記会計用語集』　松本公文 著(教文出版)
『簿記・経理の基礎実務』　松田修 著(SMBCコンサルティング)
『簿記の卵-入門書を読む前に読む本-』　小田正佳 著(税務経理協会)

**弘兼憲史**（ひろかね　けんし）

1947年山口県生まれ。早稲田大学法学部卒。松下電器産業販売助成部に勤務。退社後、76年漫画家デビュー。以後、人間や社会を鋭く描く作品で、多くのファンを魅了し続けている。小学館漫画賞、講談社漫画賞の両賞を受賞。代表作に『課長　島耕作』『部長　島耕作』『加治隆介の議』ほか多数。『知識ゼロからのワイン入門』『さらに極めるフランスワイン入門』『知識ゼロからのカクテル＆バー入門』『知識ゼロからのビジネスマナー入門』『知識ゼロからの決算書の読み方』『知識ゼロからの敬語マスター帳』『知識ゼロからの企画書の書き方』『知識ゼロからの手帳術』（幻冬舎）などの著書もある。

| | |
|---:|:---|
| 装幀 | 亀海昌次 |
| 装画 | 弘兼憲史 |
| 本文漫画 | 『課長 島耕作』『部長 島耕作』『取締役 島耕作』『ヤング 島耕作』『島耕作の優雅な1日』（講談社刊）より |
| 本文イラスト | 押切令子 |
| 本文デザイン | バラスタジオ（高橋秀明） |
| 校正 | 寺尾徳子 |
| 編集協力 | オフィス201（高野恵子） |
| 編集 | 福島広司　鈴木恵美（幻冬舎） |

## 知識ゼロからの簿記・経理入門

2006年4月30日　第1刷発行
2011年1月25日　第14刷発行

| | |
|---:|:---|
| 著　者 | 弘兼憲史 |
| 発行人 | 見城　徹 |
| 編集人 | 福島広司 |
| 発行所 | 株式会社 幻冬舎 |
| | 〒151-0051　東京都渋谷区千駄ヶ谷4-9-7 |
| | 電話　03-5411-6211（編集）　03-5411-6222（営業） |
| | 振替　00120-8-767643 |
| 印刷・製本所 | 株式会社 光邦 |

検印廃止

万一、落丁乱丁のある場合は送料当社負担でお取替致します。小社宛にお送り下さい。
本書の一部あるいは全部を無断で複写複製することは、法律で認められた場合を除き、著作権の侵害となります。
定価はカバーに表示してあります。
©KENSHI HIROKANE,GENTOSHA 2006
ISBN4-344-90081-2 C2033
Printed in Japan
幻冬舎ホームページアドレス　http://www.gentosha.co.jp/
この本に関するご意見・ご感想をメールでお寄せいただく場合は、comment@gentosha.co.jpまで。

幻冬舎のビジネス実用書
弘兼憲史
芽がでるシリーズ

## 知識ゼロからのビジネスマナー入門

A5判並製　定価1365円（税込）

基本ができる人が一番強い。スーツ、あいさつ、敬語、名刺交換、礼状、企画書等、なるほど、仕事がうまくいく286の習慣。

## 知識ゼロからの決算書の読み方

A5判並製　定価1365円（税込）

貸借対照表、損益計算書、キャッシュ・フロー計算書が読めれば、仕事の幅はもっと広がる！　難しい数字が、手にとるように理解できる入門書。会社の真実がわかる、ビジネスマンの最終兵器！

## 知識ゼロからの敬語マスター帳

A5判並製　定価1365円（税込）

ていねいな言葉は、人間関係の潤滑油。敬語は理屈よりも丸暗記するほうが身につくので、ビジネスシーン別に、役立つ会話をマンガで解説。自然に頭に入る、仕事ができる人の話し方の法則。

## 知識ゼロからの企画書の書き方

A5判並製　定価1260円（税込）

良いアイディアをより良く伝えるには技術が必要。情報の整理、ネーミングとレイアウト、プレゼンの段取りなど、「売れる企画」の練り方と「通る企画書」の書き方の基本を伝授する必読の書。

## 知識ゼロからの手帳術

A5判並製　定価1260円（税込）

ビジネスプランが湧き出る。仕事のモレと遅れをなくす。時間にこだわるできるビジネスマンは、手帳の使い方が違う！　予定の組み方から、情報の書き込み方まで、段取り上手のノウハウ満載！